東方風來

和君

欧家锦——著

Chinoiserie in the Future

From European & American Luxury Brands to Chinese High-end Brands

从欧美奢侈品牌
到中国高端品牌

中国经济出版社
CHINA ECONOMIC PUBLISHING HOUSE
·北京·

图书在版编目（CIP）数据

东方风来：从欧美奢侈品牌到中国高端品牌 / 欧家锦著 . -- 北京：中国经济出版社，2023.3

ISBN 978-7-5136-2767-2

Ⅰ . ①东… Ⅱ . ①欧… Ⅲ . ①消费品 – 研究 Ⅳ . ① F76

中国国家版本馆 CIP 数据核字（2023）第 043605 号

策划编辑　崔姜薇
责任编辑　黄傲寒
责任印制　马小宾
封面设计　任燕飞装帧设计工作室
出品单位　杭州东君企业管理咨询有限公司
联合出品人　潘松挺
书名题字　吴晓波

出版发行　中国经济出版社
印 刷 者　北京力信诚印刷有限公司
经 销 者　各地新华书店
开　　本　880mm × 1230mm　1/32
印　　张　9.5
字　　数　189 千字
版　　次　2023 年 3 月第 1 版
印　　次　2023 年 3 月第 1 次
定　　价　68.00 元
广告经营许可证　京西工商广字第 8179 号

中国经济出版社　**网址** www. economyph. com　**社址** 北京市东城区安定门外大街 58 号　**邮编** 100011
本版图书如存在印装质量问题，请与本社销售中心联系调换（联系电话：010–57512564）

纵观全球奢侈品产业，
中国消费者已成为最大的购买群体；
中国已成为最大的代工基地；
但中国品牌在哪儿？

同样都在做服装鞋帽、皮具箱包，
为何“中国制造”往往沦落到产业链底端而备受剥削，
爱马仕、路易威登、香奈儿等品牌却能高居“神坛”，
受到全球特别是中国消费者的追捧？

中国制造向中国创造转变；
中国速度向中国质量转变；
中国产品向中国品牌转变。
“三个转变”为中国品牌的前行指明了方向。

奢侈品的本质，就是精品。
何为精品？即以精益求精的态度，呈现的精美物品，及精致服务。
“人民对美好生活的向往，就是我们的奋斗目标！”

所谓“美好生活”，包括两个层面：
更丰富且优质的物质享受；更多元且高级的精神享受。
享用精美物品与精致服务，就是享受美好生活。

当下如日中天的欧美奢侈品牌，
在 20 世纪 70 年代之前基本处于“小而美”的状态，
家庭式作坊、私人小工厂等业态主导着整个行业，
与如今“高大上”的集团形象相差甚远。
公司化、资本化、全球化等时代机遇成就了它们。

国家经济的崛起，文化自信的坚定，
制造能力的提升，社会消费的扩容……
共同营造了创造国民精品的良好环境。
国家“十四五”规划明确提出，开展中国品牌创建行动，
培育一批高端品牌。
未来已来，打造根植于东方且享誉全球的中国高端品牌，
正成为新一代创业者的时代机遇与历史使命！

序 言

希望这部作品能够引起大家的关注与思考

廖信嘉（斯沃琪集团中国区管委会成员、宝珀中国区副总裁）①

认识欧家锦先生应该是在2017年“宝珀吴晓波青年午餐会”上，那时候我认为他只是一个对奢侈品有着浓厚兴趣的年轻人。令我颇感意外的是，3年之后他居然拿着一本《奢侈品在中国》找到我，告诉我这是他的第一部关于奢侈品的作品。

如果说《奢侈品在中国》是对进入中国市场的国际顶级品牌发展历程的一次完整梳理，那么这部新作《东方风来》就是作者以更宽广的视野和更深入的思考，从多个维度探讨国际顶级品牌的成功经验，以及对于中国品牌未来发展启示的最新成果。

我从事奢侈品行业20多年，在我看来，业内人士大多是执行者，而非对行业的观察者和思考者，这也是行业特点决定的。相关国际奢侈品主题的书籍也很少结合中国的经

① 斯沃琪集团作为全球规模最大的钟表品牌集团之一，旗下拥有Swatch、美度、天梭、雷达、浪琴、欧米茄，以及宝珀、宝玑、雅克德罗、格拉苏蒂、Harry Winston等近20个品牌。

济状况与社会形态层面，更缺乏对这个行业及中国制造的未来的思考。

我发现一个现象：国内企业家、学术界、媒体界等，给予更多关注的是大类商品的制造行业，比如纺织、家电、汽车、航空、高铁等；而对于个人消费类精品的品牌价值，以及如何构建品牌价值，在很长时间里都没有给予重视，甚至忽略了。这可能是我们长期对奢侈品认知不足，甚至抱有偏见造成的。

在当今世界，也许没人能够离得开中国制造。推特、抖音上经常有欧美人测试能否在生活中不使用中国制造的产品，答案是：非常难。中国的制造业很强，也许没人能够否定这个事实，但是为什么在制造业如此之强的国家里却没有诞生几个公认的国际品牌呢?

在消费升级的今日中国，消费者为什么总喜欢买国际品牌的产品呢？从厨房的刀叉、卫生间的马桶盖、家庭装饰的摆件饰品，到服饰、皮具箱包，以及珠宝与腕表等。

当我们质疑奢侈品没用又价高的时候，是否可以深入探讨一下为什么国人依然趋之若鹜？为什么国内各大中城市最核心地段的顶级百货商场的一层黄金位置，都是被国际知名奢侈品牌所占领，而且这些品牌门店的门口总是拉着人员限流警戒线？这都是我和家锦时常讨论的话题。

家锦在这部新作中提出了这些问题，并写下了他的思考。在中国中产阶层群体不断壮大的当下，在党和政府战略性地提出的“三个转变”“高质量发展”“开展中国品牌创建行动”“满足人民对美好生活的向往”等的指引下，消费升级、制造升级、品牌升级将成为中国社会与经济发展的主流话题。

在过去几年家锦跟我对奢侈品行业的讨论非常频繁。我初识他时，他还是一位记录奢侈品行业发展历程的财经记者；而今，他逐渐展现出严肃认真、深入钻研的学者素质。我非常之欣喜能够在这个时候看到家锦的这部新书问世，也被其执着的探索精神所感动。

希望这部作品能够引起大家的关注与思考。一个行业，往往关注的人多了，讨论的人多了，研究深入了，也就会有成果了。

目　录

第一章　揭幕：东方风来，中式生活方式日渐兴起 / 001

一　回眸：18 世纪那一场流行于欧洲大地的“中国风” / 004

二　差距：21 世纪的“中国制造”如何彰显“中国品位”？ / 017

第二章　识局：奢侈品与大众消费品的区别 / 035

一　定义与偏见：实质为“精品”而非“奢侈”品 / 038

二　定价策略：奢侈品真的很暴利吗？ / 045

三　消费心态：购买奢侈品就是为了炫耀吗？ / 055

四　产品开发：“金字塔”产品体系是如何构建的？ / 064

五　市场渠道：奢侈品牌为何仍坚守线下门店？ / 076

六　客群定位：不迎合年青一代的品牌就没有未来吗？ / 087

七　投资属性：奢侈品作为消费品的增值底气何在？ / 096

八　品牌溢价：传奇故事只是营销噱头吗？ / 104

九　文化交流：如何运用中华文化阐述品牌精髓？ / 117

十　资本扩张：如何谨慎扩张方可穿越百年？ / 127

第三章　顺势：经济基础决定上层建筑 / 145

一　现象思考之品牌根基：美国的红酒品牌为何能崛起？ / 148

二　现象思考之经济大势：日本的时尚大师为何落寞？ / 158

三　现象思考之消费升级：中国人为何去日本买马桶盖？ / 167

四　第三次“国货运动” / 181

五　“为中国而变” / 196

六　新中等收入群体崛起 / 207

第四章　优术：天时与地利之下的人和 / 215

一　大败局：全球第一大奢侈品集团 LVMH 的“茅台梦”破灭 / 218

二　人才团队——从手艺人到“经纪人”的蜕变 / 229

三　产品设计——以消费者为导向的实用美学 / 237

四　供应链——“积木式创新”的全域顶配 / 244

五　市场营销——以消费者为核心的圈层拓展 / 252

六　资本战略——忠实资本的长期陪伴 / 263

七　长期主义——做好当下，静待时间的复利 / 270

第五章　践行：为“人民对美好生活的向往”而奋斗 / 279

参考书目 / 291

后记　一封关于此书的幕后感谢信 / 293

第一章

揭幕：东方风来，中式生活方式日渐兴起

2019年故宫相关的产品产值在200亿元人民币左右。我们今天把故宫的产品穿在身上，但为什么这件事不在十几二十年前发生？因为今天，当我们看到这个东西的时候，会想起它是我们自己的。文化是血液里的事情，我们血液中的文化基因在此刻被唤醒了。

——吴晓波，“2019吴晓波年终秀”

一 回眸：18世纪那一场流行于欧洲大地的“中国风”①

“中国风”从何而来、因何而去？

从17世纪始，欧洲大地的“中国风”日益强劲，全面渗透到欧洲人生活的各个层面，如日用物品（茶叶等）、家居装饰（屏风等）、园林建筑等，上至王公贵胄，下至商贾乡绅，都对中国风尚喜爱有加。

这场“中国风”发端于11世纪，得到了马可·波罗（Marco Polo，1254—1324年）、圣鄂多立克（Friar Odoric，1265—1331年）等冒险家、传教士的有力助推。经过几个世纪的发展，随着更多欧洲至东方航线的开辟，瓷器、茶叶、

① “中国风”一词中的“中国”仅作为地域概念。

丝绸等中国物品传到欧洲迷倒了欧洲贵族，“中国风”愈发强劲。

1700 年的世纪之交，“太阳王”路易十四在马尔利（Marly）与凡尔赛举办了一系列“中国风”娱乐活动——他本人坐着由 8 个人抬着的大轿子入场，赢得全场一片欢呼。从餐桌布到盘子，从小吃到服装，从舞蹈到装饰品，一场场精美卓绝的盛宴，将“中国风”逐步推向 18 世纪中叶的顶峰。

“中国风”的单词“Chinoiserie”，来自法语中的“Chinois”。中国的瓷器、丝绸、漆器等，是深受欧洲人喜爱的时髦商品，许多欧洲设计师和工匠模仿中国的设计，凭借想象创造出许多奇特的“东方 Style”。

洛可可风格正是这种对中国文化的憧憬与向往的反映。随后的印象主义、后印象主义风格，也深受“中国风”的影响。在 18 世纪中叶“中国风”顶峰时期，一大批著名艺术家、设计大师，以及大大小小的工匠所创造出的众多艺术品、工艺品和中式建筑，留下了“中国风”席卷欧洲大地的深刻痕迹。

（一）“中国风”兴起的表现

忽必烈的骑兵横扫欧洲大陆时（1252 年），大部分欧洲人才知道中国的存在。

13、14 世纪之交，马可·波罗的历险，反映了欧洲人对中国的兴趣。直到 1583 年，获得明代万历皇帝朱翊钧的准许，葡萄牙、法国、意大利等国才派出传教士来中国。其中最知名的传教士是天主教大本营梵蒂冈派出的意大利传教士利玛窦（Mattieo Ricci，1552—1610 年）。

利玛窦进入中国时，采取了一种有智慧的策略，即先融入中国的社会和生活，在广东肇庆建立了第一个传教驻地。经过近 20 年的苦心经营，利玛窦结交了许多中国的士大夫（包括在当时影响力很大的学者徐光启），甚至京都要员，终于在 1601 年见到了万历皇帝。

这是一位很有眼光的传教士，他的工夫并没有完全用在公关上，而是用在了对中国国情特别是中国古代儒家经典的研究上。1593 年，他将“四书”（《大学》《中庸》《论语》和《孟子》）的主要部分用拉丁语翻译了出来，呈送给梵蒂冈教皇。

以利玛窦为代表的欧洲传教士起着双重作用：一方面向非基督教国家输出教义，另一方面也从对象国获取信息和情报。他们拥有虔诚的布道士和执着的科学家、探险家之双重身份。

为了达到更有效地传教布道的目的，他们坚忍不拔，力图知己知彼，对中国国情进行了全方位地了解，对典籍、语言文字、历史地理、天文数学、科学技术、医学、农业、园林等，都进行了研究，并出版了不少具有开拓意义的著作。

得益于传教士的信息传递，欧洲人逐渐对这个遥远而充满魅力的东方国度充满了迷恋。14 世纪开始，法国的织工们在织物中模仿中国的图案。他们精确模仿出吐火的龙、欢快的狮子和凤凰的图案。对欧洲人而言，中国丝绸及其图案具有浓郁的异域风情，代表着神奇的东方，别具魅力。

瓷器是中国文化的典型代表之一，而欧洲人对瓷器的喜爱程度丝毫不亚于中国人。一个最有说服力的例子，是意大利著名画家乔凡尼·贝利尼（Giovanni Bellini，1430—1516 年，威尼斯绘画派创立者）和提香·韦切利奥（Tiziano Vecellio，1488—1576 年，被称为“西方油画之父”）在 15 世纪初合作绘制的杰作《诸神之宴》。画面中，女神、男神手里都端着中国明朝样式的青花瓷碗。这些瓷碗居画面中心位置，十分抢眼。

瓷器配上“神奇的东方树叶”再合适不过了，品茶逐步成为欧洲上流社会乃至平民百姓的时尚生活方式。

除了瓷器，欧洲人还对一种中国器物格外迷恋：漆器。大约在 16 世纪初，中国制造的漆器首次到达欧洲时，就因其完美的表面处理和反光性能而备受推崇。看到这些中国漆器的欧洲人，在感到稀奇的同时，也被它的独特美感迷住了。

折叠式屏风也是受欢迎的器物之一，上面通常用美丽的东方艺术形象作装饰。主题包括神话、宫廷生活场景、自然景色和中国文学中的浪漫元素——如一位恋爱中的年轻女子从一个折叠屏风后好奇地向外瞥。也许可以用“惊鸿一瞥”来形容这样的美妙场景。

欧洲画家也乐此不疲地描绘中国题材作品。让 - 安东尼·华多（Jean-Antoine Watteau，1684—1721 年，法国 18 世纪洛可可时期最重要的画家之一）的《中国神灵》《中国皇帝》，弗朗索瓦·布歇（Francois Boucher，1703—1770年，法国美术院院长、皇家首席画师）的《中国集市》《中国花园》《结伴钓鱼的中国人》等，用西洋绘画的光影、色彩、立体再现手法，逼真地描绘出中国人的生活和精神状态。

欧洲人除了迷恋具有中国风情的瓷器、茶叶、丝绸与家具等，还从中国吸取了思想智慧。

17世纪下半叶至18世纪上半叶的欧洲启蒙运动是反对封建贵族的专制主义统治，张扬人文主义精神的思想解放运动。启蒙运动席卷了欧洲主要国家，其中心在法国。法国的启蒙运动以“百科全书派”为核心，著名人物包括狄德罗、伏尔泰、卢梭、孟德斯鸠等一批杰出思想家。

他们提出的“自由、平等、博爱”的口号至今仍是人类共同价值观的基础。他们提倡无神论哲学，主张自然神论。从传教士输送回来的信息中，他们发现中国恰好是一个推崇自然神论的国度，由此很快对中国产生迷恋。其中最具代表性的当推伏尔泰（Voltaire，1694—1778年）。

伏尔泰把中国视为人类社会最好的标本，并将其誉为“举世最优美、最古老、最广袤、人口最多而且治理得最好的国家”。而且，他认为人类文明、科学和技术的发展无不从中国肇始，并且中国早就遥遥领先。他高度称赞中国天文学的神奇成就：“世界各民族中，唯有他们的史籍持续不断地记下了日食和星球的交汇。我们的天文学家验证他们的计算后惊奇地发现，几乎所有的记录都真实可靠。”

伏尔泰还把孔子的儒家学说看作他心目中的自然神论，认为这种以遵循自然规律为原则的“理性宗教”足以取代盛行于欧美的带有迷信色彩的“神示宗教”。在他看来，孔子的“己所不欲，勿施于人”不啻为道德的最高准则，应当成为每个人的座右铭。

“百科全书派”的另一名主要成员保尔·昂利·霍尔巴赫（Paul Heinrich Dietrich，1723—1789 年）也把中国的政治伦理视为治国良策：“中国是世界上唯一将政治与伦理道德相结合的国家。这个帝国的悠久历史使一切统治者都明了，要使国家繁荣，必须仰赖道德。”因此他提出了“德治”的主张，并且号召：“欧洲政府必须以中国为模范。”

波维尔（Pierre Poivre，1719—1786 年）也把中国人的治国方略看作欧洲的方向，他指出：“如果中国的法律变为各国的法律，中国就可以为世界提供一个作为去向的美妙境界。”可见，法国启蒙运动的思想家们都以中国为理想的模型去构想欧洲的未来。

“中国风”在经济领域的高峰表现出现在 18 世纪 60 年代。法国的弗朗斯瓦·魁奈（Francois Quesnay，1694—1774 年，古典政治经济学奠基人）于 1767 年发表的《中华帝国的专制制度》一书，肯定了中国实行专制制度的合法性。他强调“自然法则是人类立法的基础和人类行为的最高准则”，而“所有的国家都忽视了这一点，只有中国是例外”。在他看来，自然秩序是人类理性的依据，而人类理性又是人的自然权利的依据。他提倡以农为本，极为赞赏中国历代君王重视农业的政策，认为只有发展农业才能增加财富，贬低货币和商业资本在经济发展中的作用。

在18世纪，中国的花木嫁接技术也传到了欧洲，推动了欧洲的园林建设。中国园林所特有的飞檐翘角的亭榭，高耸的层塔，富有妙趣的石桥、假山、钟楼，以及蜿蜒小径等，都使欧洲人赞赏不已。他们还专门给蜿蜒小径创造了一个新的名词，叫“蛇形曲线”。

不少欧洲国家都将中国园林艺术的这些特征纳入一些重要的园林设计。如18世纪德国萨克森公国的统治者就曾在德累斯顿附近的易北河畔盖了一座皮尔尼茨宫，其中的“水宫”就是参考中国建筑的风格建造的；德国卡塞尔的威廉·索赫伯爵还在一条叫“吴江”的小溪旁建了个“木兰村”，其中连挤牛奶的工人都穿中国服装，俨然是个江南园林；至于波茨坦的茶亭和慕尼黑的木塔，就更是欧洲仿中国园林的代表作了。

18世纪中叶，英国最负盛名的皇家建筑师威廉·钱伯斯（William Chambers，1723—1796年），在他的经典著作《中国园林的艺术布局》一书中这样赞美中国园林艺术——“中国人的园林艺术实在是无与伦比的。欧洲人在艺术方面无法与东方的灿烂成就相媲美，只能像对太阳那样尽量吸收它的光辉而已。”这位年轻时曾在中国广东生活，后来再度去那里考察的建筑师在书中强调：“中国庭园以自然为模范，主张一切美来自自然，模仿自然中的无秩序。”

（二）“中国风”兴起的原因

对于欧洲人来说，中国是一个神秘而遥远的地方。他们从未真正踏上过这片土地，这片土地因而增加了令人魂牵梦绕的神秘感。

首先，“中国风”始于欧洲传教士的传播。

欧洲人最初获得的关于中国的朦胧知识，应是源自马可·波罗的游记中的有趣叙述，它引发了欧洲人对这一神秘而富饶的魅力国度的关注。（据说）大约在 1275 年，马可·波罗游览了忽必烈的一座宫殿，在游记中，他这样描述：

“在这个地方，有一个非常精致的大理石宫殿，里面的房间都是镀金的，画着各种各样的人、兽和鸟的形象，还有各种各样的树和花，所有这些都是用精湛的艺术来完成的，你会感到高兴和惊讶。”

其次，欧洲君主及上层人士成了“中国风”的积极推动者。

欧洲君主对“中国风”格外偏爱，成为推动“中国风”传播的第一力量。比如，法国国王路易十五和英国国王乔治四世对融合“中国风”的洛可可风格极为青睐。高度装饰性而极富优雅感，这是欧洲对东方主题富有幻想的表达，而且工匠们往往运用具有异国情调的木材和大理石进一步营造这种氛围。

法国宫廷是“中国风”的最大支持力量。大约始建于1624年的凡尔赛宫，最初是法国国王路易十四情妇的游乐场所，被认为是中国艺术风格的第一个欧洲主要代表。

萨克森公国大公奥古斯特二世（1670—1733年）则是中国瓷器的狂热收藏者，只要听说哪儿有精美的中国瓷器，不惜一切代价也要得到。

普鲁士国王腓特烈大帝于波茨坦的花园中建造了一座中国风格的房子。花园建筑师融合中国建筑元素与洛可可装饰风格，设计出具有中国风格的庭院。

此外，众多王室女性、贵族夫人，也是中国瓷器的狂热藏家，包括玛丽女王、安妮女王、亨利埃塔·霍华德和昆斯伯里公爵夫人等。贵妇收藏家引领了欧洲的中国瓷器风潮，也定义了流行的时尚，加快了欧洲生产具有中国元素的瓷器的速度。

在路易十五的影响下，他的情妇蓬帕杜夫人（Madame de Pompadour，1721—1764年）也成了中国迷——她喜欢穿中国丝绸，爱养中国金鱼，而且是中国珍宝的狂热收藏者。这位被誉为“欧洲的缪斯女神”“艺术王国的女王”的社交名媛，更是“中国风”热潮的有力推动者。

最后，也是最关键的，“经济基础决定上层建筑”，“中国风”受欢迎得益于东方贸易的增长。

在17—18世纪，随着与中国和东亚各国贸易的不断增长，来自英国、荷兰、法国和瑞典的东印度公司的船只将大量中国货物运往欧洲。由商业贸易带来的文化交流，加深了欧洲各国对中国的了解。

而作为这场“中国风”的源头，彼时遥远的东方又是一番怎样的情景呢?

欧洲的“中国风”从17世纪强劲兴起，在18世纪中叶到达巅峰，至19世纪逐渐衰退。彼时，中国正处于清朝的“康乾盛世”。

从康熙元年1662年算起，直至弘历禅位时的1795年，在这长达130多年的康乾盛世，中国在全球的影响力达到一个高峰——欧美称“High Qing”。在此期间，中国社会在封建体系下达到极致，国力强盛，社会稳定，经济快速发展，人口迅速增长，疆域辽阔。这是中国古代封建王朝的最后一个盛世。

纵向来看，乾隆时代是整个中国古代史上最富强的时代之一；横向对比，乾隆统治的大清帝国也是当时世界上最强大的国家。这种强大有以下这些数据作支撑。

第一，经济总量非常大，国家财力也比较雄厚。虽然对那个时候GDP的计算方法有各种争论，但是按学术界比较认可的计算方式，乾隆时期中国经济总量占世界的比重超过30%，比当下美国占世界经济总量的份额还多。乾隆时期，中国在世界制造业中的份额是当时英国的8倍、俄国的6倍、日本的9倍。

第二，乾隆朝的军事实力也非常强。乾隆的一大功绩就是统一了新疆。乾隆统一新疆之后，中国的疆域达到了1453万平方公里，是今天960万平方公里的1.5倍。乾隆朝的疆域是整个中国历史上除元朝之外最大的。与中国历史上很多朝代不同的是，清朝对整个疆域的实际控制力是非常强的。

第三，乾隆朝的人口数量达到了空前的水平。在中国历史上，以往朝代大部分时间人口都徘徊在几千万之间，少数几个朝代突破了 1 亿。在康熙、雍正两代统治的基础上，乾隆继位时，中国人口是 1.4 亿，而到乾隆退位时，人口达到 2.9 亿，翻了一番。在中国古代，人口数量是统治者统治成绩最有利的证明之一。乾隆用 10 亿多亩的土地养活了当时世界上 30% 的人口，这在当时被认为是非常了不起的统治成绩。

（三）“中国风”对欧洲奢侈品行业的影响

这一场流行于欧洲大地的“中国风”，吸引并影响了一些现代奢侈品业界的大师。比如嘉柏丽尔·香奈儿（Gabrielle Chanel，1883—1971 年，以下简称“香奈儿女士”）与伊夫·圣·洛朗（Yves Saint Laurent，1936—2008 年）。

香奈儿女士不仅创造了伟大的香奈儿时尚帝国，还追求着自己想要的生活。一如她所说：“我的生活不曾取悦于我，所以我创造了自己的生活。”（My life didn’t please me，so I created my life.）中国贵族风对她影响极深。她的家居以中式洛可可风格引领欧洲上层居家生活方式。

香奈儿女士对“中国风”的热爱始于年轻时期。她偶然进入一个中国风格的古董店，看见一扇漆画屏风，自此埋下热爱的种子，屏风也成了她的首个古董藏品。来自中国的漆画屏风，早在 17 世纪，就受到欧洲上流社会的狂热追捧。

朱红之上，石块嶙峋，凤凰正欲展翅，山茶花安静盛放——这种源于东方的宏大意境让她沉沦：“当我在晚上望向这些屏风的时候，仿佛看见城堡大门打开，骁勇骑士骑着战马而来。”

走进巴黎康朋街 31 号的香奈儿公寓，就像进入了一个别样的世界。镀金镜子、水晶吊灯和精妙的艺术饰品创造出奇幻效果，而最耀眼的是每个屋子中都有的 17、18 世纪的乌木屏风装饰。以一扇名为“失欢”的中国乌木漆画屏风开始，香奈儿女士以她永不满足的作风，陆续收藏了 32 面中国屏风。

法国服装设计师伊夫·圣·洛朗同样对东方文化非常钟爱。在 20 世纪 70 年代，他的事业发展最为迅速时，他的床头摆满了佛像、佛像图片和中国水墨画，他还与时任公司总裁皮埃尔·贝尔杰（Pierre Bergé）共同收藏了大量来自中国、印度、日本的各类服饰、文学作品、文物等，从中汲取设计元素。

在充满想象力的伊夫·圣·洛朗看来，“我只需读一本书或看着一张图，就可以神游到某个地方或融入某片景色”。

1977 年，当时从未来过中国的伊夫·圣·洛朗便第一次向世人完整展示了他对于中国这个古老国家的时尚认知，在当年的秋冬发布会上展出了以“La Chine Impériale”为主题的高级定制系列，以及大量与中国有关的设计手稿。

伊夫·圣·洛朗大胆地将他所理解的中国风格融入这一系列产品的设计。从丝绸面料，到对襟、立领、盘扣等中国服饰元素，以及大面积的刺绣，无不彰显着他对“中国风”的偏爱，甚至痴迷。

“我的创作时常被‘中国’打断，在我的脑海中也时常出现中国意向。一本古老的画册也许就能完全承载我对中国的想象……我完全不需要到达那里，因为我的梦境里充斥了一个完整的中国……”在他看来，遥远的中国早已经映射在他的梦中，而他以想象力编织出的“中国”，则是一个更为诗意和完美的存在。

1985 年 5 月，他终于踏上了这个令他魂牵梦绕的梦境之国。他在代表中国艺术收藏及展览最高级别的机构——中国美术馆，举办了“伊夫·圣·洛朗 25 周年作品回顾展”。

这一场“中国风”于 19 世纪开始衰退，却从未远离欧洲。随着国力的日益强盛，当中国再一次以“大国崛起”之势傲立于世界民族之林时，肯定还会在欧洲大地刮起一阵源自 21 世纪的新“中国风”。

长路漫漫，但值得期待。

二

差距：21 世纪的“中国制造”如何彰显“中国品位”？

18 世纪的“中国风”已经远去。而在中国改革开放的第一个 40 年（1979—2019 年）里，一股“欧洲风”席卷了中国。自 2013 年起，中国消费者成为全球奢侈品行业的第一大购买群体（含境内外消费）。

从“忽视中国”到“为中国而设计”，在改革开放的这 40 年里，全球奢侈品产业在中国发生了什么？哪些品牌影响了国人的审美？哪些人物改变了品牌的格局？哪些事件记录了时代的进程？无数个问题盘旋在我的脑海里。

我想起了财经作家吴晓波。他以一种史记般的笔法，系统梳理了改革开放后的中国商业史，著作《激荡三十年：中国企业 1978—

2008》及《激荡十年，水大鱼大：中国企业2008—2018》成了这一段商业史的记录。

而我是否有可能也用这种手法，将欧美奢侈品牌在中国40年的发展史做一个总结记录？记录中国与世界相互角力而又相融共生的40年历程。

在进行了大量的史料梳理及对业内相关人士的访谈之后，我将1979—2019年这40年时间划分为四个时期。

第一个时期：1979—1991年，混沌初开，国人时尚意识觉醒。标志性事件是法国时装设计师皮尔·卡丹（Pierre Cardin）于1979年举办了新中国成立后的第一个时装表演，揭开了新中国的时尚序幕。

第二个时期：1992—2003年，追随潮流，中国市场逐渐升温。标志性事件是全球奢侈品第一品牌路易威登（Louis Vuitton）在邓小平“南方谈话”之后漂洋过海来到中国，并带动众多奢侈品牌进入中国。

第三个时期：2004—2012年，黄金时期，国人消费惊艳业界。标志性事件是中国兑现入世承诺，于2004年颁布《外商投资商业领域管理办法》，向外资企业开放商业市场，积极促进国际奢侈品牌对中国的大力投资，奠定了中国成为奢侈品消费大国的基础。

第四个时期：2013—2019年，全球瞩目，行业进入“中国时代”。标志性事件是“全球奢侈品及时尚产业的黄金10年”结束，在全球奢侈品消费衰退之际，中国消费者（包括境内外消费者）却扮演了“行业拯救者”的角色。

以上内容，组成了我的第一本书，于2020年3月由中国经济出版社发行的《奢侈品在中国：梦幻商业与美好生活的激荡40年》。它系统梳理并记录了主流的欧美奢侈品牌自身的发展史及其在中国发展的激荡40年。

（一）梳理欧美奢侈品行业发展史带来的三个思考

第一个思考是：为何欧美奢侈品牌创立百年之后，依然能引领时尚潮流，备受年青一代消费者的追捧；而中国品牌却变成“中华老字号”逐步淡出国人的日常生活？

所谓“中华老字号”，是指历史悠久，拥有世代传承的产品、技艺或服务，具有鲜明的中华民族传统文化背景和深厚的文化底蕴，获得社会广泛认同，形成良好信誉的品牌。

列举几个：老凤祥金饰、会稽山黄酒、扬州玉缘玉器、张小泉刀具……这些品牌仍有生意，且运营状况良好，但对于年青一代来说，它们似乎是“父辈级的老品牌”，非常陌生。

而如果一个品牌形象持续老化，被年轻人排斥到消费视野之外，其生命力会极其有限。除非，它仅服务于中老年群体。

第二个思考是：为何中国品牌一出海就遭遇各种问题，几乎折戟沙场；而欧美奢侈品牌却能在中国攻城拔寨？

并不是说欧美品牌在中国就没有遭遇过“滑铁卢”，而是说相较而言，它们比中国同行享受到了更多超乎想象的待遇。仅仅一句“崇洋媚外”，或许并不能有力地解释。

甚至，一些曾经备受争议的欧美品牌如今依然是各自行业的领军品牌。反观中国品牌，为何“中国制造”却被外国，特别是欧美国家贴上了“低端”“劣质”“不可靠”“廉价”等标签？

除了品牌自身要反思，国内消费环境，乃至政府有关部门是否也有值得反思的地方？毕竟，世界第二大经济体地位的背后，一定需要大批优质品牌的支撑。

第三个思考是：几乎每个中国企业家都有一个“百年品牌梦”，但都忧虑“富不过三代”；而欧美奢侈品牌为何能经历两次世界大战、穿越数个经济周期、传承三四代人直至今天？

改革开放 40 年，中国创造了人类历史上前所未见的经济奇迹，被欧美国家大呼“看不懂”。而中国企业家也已习惯了高歌猛进，却突然在改革开放 40 周年这一关卡，特别是受中美贸易摩擦的影响，普遍遭受了苦不堪言的衰退。

那么，如今光鲜亮丽的欧美奢侈品牌，难道就没有遭遇过困境吗？当然不是的。

两次世界大战对人类的打击是毁灭性的，连生命都无法保障，何谈商业品牌的发展？但依然有一大批品牌幸存下来，并且随着第三次工业革命之后的经济大发展，在全球遍地开花。

以上几个问题的答案，到底是什么？

欧美奢侈品牌是如何打造品牌基因，转型升级模式，拓展跨国市场，穿越经济周期，培养发掘人才，最终实现家族代际传承的？

它们的经验、智慧与反思，或许就隐藏在“欧美品牌中国化”的进程中。而我，希望能通过对欧美奢侈品牌在中国的激荡 40 年发展历程的梳理与总结，捕捉、提炼并呈现这些问题的答案，“师夷长技”，积极作用于中国品牌的成长。

《奢侈品在中国：梦幻商业与美好生活的激荡 40 年》既记录了欧美奢侈品牌在中国的发展史，也是一本写给有志于打造自我品牌的中国企业家的工具手册——“历史总是以不同的面貌在每一个时代上演”，或许我们能从这些品牌走过的历程中，找到前行的方向。

（二）东方匠品与欧美奢品的差距

在对庞杂的历史资料进行检索与对广泛的人物对话进行整理的过程中，我不断理清欧美奢侈品牌在中国的发展史，也发现了一些值得深思的问题。

在我们耳熟能详的欧美奢侈品牌中，有一个很有趣的现象：它们都在强调与欧洲王室贵族的渊源。

卡地亚（Cartier），官方宣称它自 1847 年起一直与各国的皇室贵族和社会名流保持着密切的联系和紧密的交往，被誉为“皇帝的珠宝商，珠宝商的皇帝”。

路易威登，自 1853 年路易威登先生晋升为老板的首席助理，同时成为欧仁妮皇后（拿破仑三世的妻子）最信任的行李箱专家后，来自上流社会的时尚客人便蜂拥而至。

爱马仕（Hermès），1879 年，创始人的儿子将总店搬到巴黎后，所制造的高级马具深受欧洲贵族的喜爱，其品牌也成为法国式奢华消费的典型代表。

尚美巴黎（Chaumet），它是拿破仑一世的御用珠宝匠尼铎（Marie-Etienne Nitot）于 1780 年创立的珠宝及奢华腕表品牌。

与它们的创立年份相对应，那时的中国正处于清朝，是一番怎样的景象呢？

如今尚且流传于世的“中华老字号”，有很多在当时不也有着类似的待遇吗？它们被列为朝廷贡品，专供皇上及王公贵族享用。

这不就是品牌与王室的渊源吗？历史总是惊人地相似，很有趣。

但对比当下，以上所提及的 4 个奢侈品牌依然是行业顶尖品牌，凭借强大的品牌号召力与精美绝伦的产品，深受全球各地消费者的喜爱。

而“中华老字号”呢？据新华社 2018 年的一篇报道，经商务部认定的“中华老字号”品牌已经从新中国成立初期的 1.6 万个，减少到了 1128 个；全国各类“中华老字号”企业经营十分困难的占总数的 70%，勉强维持的占总数的 20%，只有 10% 的“中华老字号”发展得不错。

很多“中华老字号”的处境，或许跟“非遗”很相似——

若非政府大力扶持，会受到市场经济浪潮的极大冲击。

这就引出了一个问题：为什么同样是百年品牌，欧美奢品能在市场经济浪潮中引领行业之先，而东方匠品却在市场中迷失了方向？

我在上面这个问题中，写到了两个关键词："奢品"与"匠品"。它们有何区别？

在市场经济中，任何一个产品的诞生，都是产业链共同作用的结果。比如一个路易威登的包，它涉及原材料挑选、款式设计、手工制作、物流配送、品牌推广、市场营销、店面销售等多个环节，任何一个环节都做到了极致，才打造出这么一个令消费者着迷不已的产品。这就是"奢品"，它不仅仅是"匠心之作"，更是产业化的商品。

而"匠品"的最典型的代表就是"非遗"产品，它更多依赖于工匠自身的高超技艺，打造出来的是一个具有极致工艺价值的产品，但从商品的角度来看，它有两大先天不足：一是无法被批量化生产；二是日常实用性不强。

所幸，越来越多的东方匠品正在向欧美奢品学习，努力适应市场经济的要求，但仍路途漫长。我们来做几个对比。

爱马仕丝巾曾经采用的原料是来自杭州的丝绸，但为何爱马仕的丝巾几乎供不应求，而大部分的杭州丝绸却在市场上滞销，或售价低廉？

韦奇伍德（Wedgwood）因其产品质好型美，一直是英国皇室的御用瓷器提供商，但当年独步天下的瓷器烧制技术，源头在中国，而景德镇的瓷器品牌中，能被我们记住的又有几个？

立顿（Lipton）是全球最大的茶叶品牌之一，尽管中国每年的茶叶产量占全球总产量的40%，但中国茶企的年出口总额却抵不上一个立顿！而你可知道，当年欧洲皇室贵族热衷的下午茶的茶叶，很多就来自中国？

西班牙5J伊比利亚火腿为西班牙皇室御用，且深受全世界厨师长及饕餮食客的喜爱，而可与此对标的浙江金华火腿又被多少国内食客知晓？

双立人（Zwilling）所打造的不锈钢刀剪餐具、厨房炊具等现已成为全球中高收入家庭的理想厨房用具，但比它历史更久的张小泉刀具也生产了同类型的刀剪餐具，价格为何却只有它的几分之一？

类似的案例还有很多。东方匠品与欧美奢品的差距体现在哪里？

两三百年之前，以上我所列举的这些匠品，都是当时的朝廷贡品，也是远渡重洋之后，备受欧洲皇室贵族喜爱的"御用之品"；而今风水轮流转，欧洲将这些匠品"青出于蓝而胜于蓝"地打造成奢品，它们再次远渡重洋，远销至东方，并让东方的消费者为之着迷。

为什么？究其原因，品牌历史、原材料、制作工艺、市场营销、商业模式、人才培养、家族传承、资本运作……有太多的产业链环节需要我们补充并完善，才能使匠品升级为奢品。

如果说中国第一个改革开放40年的关键词之一是“欧美品牌中国化”，那么，第二个40年的关键词一定有“中国品牌国际化”！在可预见的未来，中国企业家有两条路可走——要么打造一个具有东方元素的国际品牌，要么在资本层面成为国际品牌的中国老板。

国家复兴的背后，是经济实力的强大，是品牌的崛起。无论主动或被动，伴随中国经济的强势崛起，“中国品牌国际化”的大势已来，势不可挡!

（三）共同富裕示范区与中国精品的先行示范区

大势已来，“江南”先行。

2021年6月，《中共中央 国务院关于支持浙江高质量发展建设共同富裕示范区的意见》正式发布。更早之前公布的“十四五”规划中，将“高质量发展建设共同富裕示范区”的重任交到浙江手里。有人困惑：为何会花落浙江，而不是广东、江苏、上海等其他东南沿海发达省市?

国家发展和改革委员会党组成员胡祖才在国新办举行的新闻发布会上，透露了部分信息：

“浙江各方面的条件是比较好的，在各项指标上，城乡差距指标、区域发展指标以及富裕程度指标，都走在全国前列，所以这次纲要明确提出要支持浙江高质量发展建设共同富裕示范区。主要是探索推进共同富裕的体制机制和制度体系，形成可复制可推广的经验，扎扎实实做好这项工作。”

简而言之，花落浙江是因为其城乡差距较小、区域发展均衡以及富裕程度较高。换一个角度看，浙江要成为实现共同富裕的先行者、探索者与示范者。

若论经济发展，作为人口约 6500 万的中等规模省份，浙江从 1994 年起，GDP 数值已连续 17 年位居全国第 4 名。2020 年，浙江 GDP 为 6.46 万亿元人民币，位列广东、江苏、山东之后；城镇居民人均可支配收入达到 62699 元人民币，连续 20 年位居全国各省（自治区、直辖市）第 1 名；农村居民人均可支配收入为 31930 元人民币，连续 36 年位居全国各省（自治区、直辖市）第 1 名。

若论城市量级，作为省会的杭州近年来风头正盛。2016 年召开的 G20 杭州峰会，汇聚二十国集团成员和嘉宾国领导人，全球瞩目，杭州成为 G20 峰会进入中国的第一城。2019 年，APEC 工商领导人中国论坛在杭州举办，来自海内外的知名工商界人士齐聚钱塘江畔。2023 年，亚运会将在杭州揭幕，这是继 1990 年（北京）和 2010 年（广州）后，第三次在中国举办这项亚洲最具影响力的综合性运动会。

若论历史底蕴，杭州是“中国七大古都”之一，是著名的风景旅游城市和历史文化名城，有著名的“西湖十景”；有灵隐寺、飞来峰石窟、岳王庙、六和塔；有中国丝绸博物馆、中国茶叶博物馆、胡庆余堂中药博物馆、南宋官窑博物馆等；还有清河坊历史文化街、梅家坞茶文化村等多处风景名胜和休闲街区……放眼浙江，历史名片数不胜数。

习近平总书记说，杭州“既充满浓郁的中华文化韵味，也拥有面向世界的宽广视野”。走过了第一个改革开放40年而迈入高质量发展时期，有金融资本，有国际眼光，也有文化底蕴的浙江，会诞生一批满足“人民对美好生活的向往”之精品需求的高端品牌，进而成为孵化本土高端品牌的先行者、探索者与示范者吗？

精品消费强省

为何要孵化本土高端品牌？我们来看看先富起来的浙江人民有多喜欢购买奢侈品。

杭州是很多外国品牌进入中国的首选城市。汇聚全球各大奢侈品牌的杭州大厦（购物城），依托购物、美食两大主业态，做强做大国际、国内精品名品，成为杭州乃至浙江消费者购物、娱乐、休闲的首选场所。

其中的B座，是美好生活的现实模板之一。一楼云集了爱马仕、香奈儿、路易威登、迪奥、古驰、博柏利、杰尼亚、卡地亚、宝格丽等奢侈品牌，如此非同凡响的品牌阵容让B座赢得了“奢侈品样板”之美誉。很多奢侈品牌在这里创下单店、单日销售的国内纪录，甚至连远在欧洲的全球高管都指定要来此巡店……为何这里的销售业绩这么好？个中原因不说自明。

2006—2010年，杭州大厦连续5年成为国内百货单店销售冠军，浙江人民的强劲购买力毋庸置疑；直至2011年，杭州大厦才被北京新光天地（后更名为SKP）以65亿元人民币的业绩反超。

正是因为极度认可浙江人民的消费热情与能力，一大批高端商业体即将揭幕。

2018年5月，恒隆地产投得下城区地块，恒隆指出，杭州恒隆广场将发展为大型商业综合项目，由1座世界级购物商场、5座甲级办公楼和1座高级酒店组成，成为杭州地标建筑。该建筑预计2024年建成。

2019年7月，新世界地产拍得望江新城地块，将为杭州首次引入K11、瑰丽酒店等国际品牌，将项目开发为集商业、办公、住宅及酒店于一体的国际都会综合体，向世界展现杭州都会生活新风貌。

2019年8月，新鸿基地产、平安不动产、钱投集团联合竞得钱江新城核心地块，项目名为“江河汇”，将打造成集商务、文旅、生活于一体的世界级城市综合体。

2021年5月，北京华联集团成功拍得钱江世纪城核心地块，萧山区政府公示显示：“北京华联集团拟在杭州投资建设高端时尚百货、高端时尚奥特莱斯、高端时尚酒店、高端精品超市等项目，塑造杭州新的核心商圈，未来将打造世界级商业地标，吸引杭州、浙江乃至全国的高端消费。”这预示着全国第5家SKP的落地。

2021年9月，位于萧山科技城的“光环梦中心”正式开工建设，项目由中国香港置地、仁恒置地两大国际资本联手本土企业传化共同打造，这也是继北京王府中环、上海LCM等项目后，中国香港置地首次到杭州落子城市高端商业综合体……

除北上双雄争霸之外，成都被普遍认为是“奢侈品（消费）第三城”；但众多行业人士指出，杭州的消费力与成都不相上下。杭州成为“国际消费中心城市”，指日可待。

“浙江人民的奢侈品消费热情简直不要太高了！”

精美器物故乡

若有本土高端产品可供选择，舶来的奢侈品还会这么受国人欢迎吗？可能不会。由此我产生了疑问：人杰地灵的浙江会是本土精品品牌的孵化宝地吗？

浙江不缺工艺，但缺精品，更缺品牌。中西之间的横向对比令人感慨。

谈及丝绸，杭州是国民心目中的产地代表，但丝绸（巾）卖得最好的却是爱马仕。论历史与工艺，杭州丝绸远在它之上；但论售价与受欢迎度，后者却远超前者。为何售价数千元人民币的爱马仕丝巾供不应求，而售价数百元人民币的杭州丝绸却总体滞销？

论及茶叶，龙井茶以“色绿、香郁、味甘、形美”闻名于世，因乾隆皇帝而得名的“十八棵御茶树”更孕育出享誉世界的“四绝”佳茗之一——西湖狮峰龙井茶。但论及西湖龙井，你会第一时间想起哪个品牌？源自新加坡的 TWG TEA，这个创建于 2008 年的新品牌，在短短 10 年时间内就从无名小卒发展成为风靡全球的“茶叶奢侈品”。

提及瓷器，“一部中国陶瓷史，半部在浙江；一部浙江陶瓷史，半部在龙泉”。这是“中国陶瓷考古之父”、故宫博物院研究员陈万里的叙述。在中国陶瓷历史中，有一种瓷不以华丽繁复的纹饰为美，而以施釉肥厚、釉色苍翠、淡雅温润见长，追求含蓄内敛的自然之美。其窑火延续千年，一直为世人，尤其是文人雅士所追逐赏识，这就是龙泉青瓷；而在杭州大厦，卖得最好的瓷器品牌却是来自英国的 Wedgwood，它被誉为“世界上最精致的瓷器”，是英国王室的御用瓷器。

说起酒水，黄酒与啤酒、葡萄酒并称“世界三大古酒”，而绍兴酒更是黄酒的典型代表。据北京钓鱼台国宾馆的人回忆，周恩来总理（原籍浙江绍兴）设宴招待外宾时，第一杯酒往往是绍兴黄酒；1985 年 9 月，邓小平与美国前总统尼克松共进午餐时，席间上了“古越龙山”牌绍兴加饭酒；2015 年 9 月，习近平总书记访问美国期间，白宫国宴菜单用酒就有绍兴黄酒。然而，浙江年青一代却未养成喝黄酒的习惯……取而代之的，是威士忌、葡萄酒、白兰地等欧美酒水。

想起火腿，作为“中国国家地理标志产品”的金华火腿声名远播，但几乎每一家西餐厅、红酒会所摆放着的，都是来自西班牙的国宝级 5J 伊比利亚火腿。

念起刀具，2021 年 9 月成功上市的（杭州）张小泉能在资本的作用下焕发第二春吗？近400年来，历代张小泉的继承者一直恪守“良钢精作”的祖训，生产家居厨房用品、个人护理用品、园林农艺用品、酒店厨具用品等1000多种优质产品；但令中等收入家庭主妇们心动不已的厨房刀具，却是来自德国的双立人（Zwilling）……

为何要横向对比以上六类产品？细细品味，前三类代表了“琴棋书画诗酒花”的诗意生活；而后三类则代表了“柴米油盐酱醋茶”的人间烟火。

“上有天堂，下有苏杭。”能将诗意生活与人间烟火融为一体的“人间天堂”，不正是以杭州为代表的浙江大地吗？

满足“人民对美好生活的向往”，不仅仅是执政者的奋斗目标，也是商业的前行方向，更是应落在实处的时代要求。国民经济的发展，带来了民族意识的觉醒，以及民族文化的自信，并由此掀起了第三次“国货运动”。“国潮来袭”，作为精美器物故乡的浙江大地，会诞生一大批本土高端品牌吗？

总有先行者在路上。2021年11月，我在杭州参加了由物产中大云商、和君咨询联合主办的“洞见新消费，共创‘心’服务”主题论坛。前者是浙江省省属的特大型国有控股上市公司旗下子平台，后者是中国本土规模最大的综合性咨询公司之一，强强联合，秉承“热选全球精品，服务美好生活”的使命，为助力本土高端品牌崛起深入思考，做出行动，值得我们期待。

精致生活天堂

2021年12月，财经作家吴晓波的年度图书《人间杭州：我与一座城市的记忆》正式发行。

他在书中的结语部分写道：

我曾经被问及一个问题：为什么你们没有一座伟大的博物馆？浙江或杭州博物馆里的藏品完全无法与西安、南京、洛阳及太原等古城相比。

我想了很久，后来明白过来了。杭州把整座城市放大成了一个博物馆。你没有办法把飞来峰或林和靖笔下的梅花搬进博物馆，也没有必要为吟咏西湖的上万首诗词建一个博物馆，断桥其实是一种抽象化的情感，龙井的茶叶还在你的陶瓷杯子里冒烟，绸伞打在一位姑娘的头顶。杭州没有被博物馆化的原因是，它的文化更多地被呈现为风景、文字、传说和商品，它们都还活着，到今天仍然是日常生活的一部分。

“春享草长莺飞，夏观碧荷连天，秋赏漫山红叶，冬品烹雪煮茶。”自古江南多雅士，而东方雅致生活的极致，在杭州，也唯在杭州。

雅致生活，需要精致器物的承载。18世纪那一场流行于欧洲大地的“中国风”犹在梦中，那些曾令欧洲王室、贵族与富商着迷不已的丝绸、茶叶与陶瓷等器物仍在故乡。面临“百年未有之大变局”，我们能否再造精品、重现东方雅致生活，并再次于欧洲大地吹起 21 世纪的新“中国风”？

这份答卷，正应由浙江来先行书写，正应由全国各地抱有创立高端品牌之雄心的新一代企业家来共同书写。

“这个时代从不辜负人，它只是磨炼我们，磨炼每一个试图改变自己命运的平凡人。”

谨以此书，献给正在参与第二个改革开放 40 年历程，见证、共创并推动中国高端品牌崛起的你。

第二章

识局：奢侈品与大众消费品的区别

所谓消费升级，就是将国民茶饮，从“柴米油盐酱醋茶”的“茶”，升级为“琴棋书画诗酒茶”的“茶”。同样都是茶，但这两者的产品品质、客户群体、销售方式、消费场景、社交属性等却截然不同。该如何全面升级？向欧美奢侈品牌学习。

“奢侈品”一词令人自发地联想到遥不可及的特质、富裕的生活方式、昂贵的物品和人性化的服务等。作为一个高度情感化的概念，个人的奢侈品展示了个人的私密美梦和珍贵的所有物，它未必是名表豪车，也可以是在悠悠孤岛独自打发时间、登山或是与心爱之人外出垂钓，这种私密的个人经历无法催生一个行业。

站在消费的立场，奢侈品作为一种经营策略，意味着奢侈品经营构成了一种特殊的商业模式，它创建自如今的世界性名流奢侈品牌。奢侈品管理的明细规则与时尚和高档品商业模式大相径庭。何为奢侈品？其核心包含以下6点：品质上乘的享受或长久耐用的产品；以远高于其功能价值的价格出售；其品牌与传统传承、特殊专门技术和文化内涵相关联；有目的地限量、限区域发售；提供人性化相关服务；体现社会地位和优越感，使所有者或受益者深感与众不同。①

---

① Vincent Bastien，Jean-Noel Kapferer. 奢侈品战略：揭秘世界顶级奢侈品的品牌战略 [M]. 谢绮红，译 . 北京：机械工业出版社，2013.

一 定义与偏见：实质为“精品”而非“奢侈”品[1]

奢侈品到底是什么？它与普通商品的区别是什么？为什么消费者要购买奢侈品？为什么他们愿意接受高价格？消费场景或环境是怎样影响消费者对奢侈品的感知的？奢侈品牌如何对这种感知进行有效操控？若想了解以上关于奢侈品的种种问题，我们先得清楚奢侈品的定义，以及外界对它的偏见。

《大英百科全书》（网络版）对于“Luxury”的解释为：词源为中世纪英文“Luxurie”，来自诺曼时代在英国使用的法语单词“Luxorie”，这个单词源于拉丁语单词“Luxuria”，意为繁

① 欧家锦.奢侈品在中国：梦幻商业与美好生活的激荡40年[M].北京：中国经济出版社，2020.

茂、奢侈、无节制；含义类似14世纪拉丁语单词“Lexus”，意为奢侈、无节制。“Luxury”最初的含义为欲望、纵欲，也指充分或极大地放松和舒适的条件、增加愉悦或舒适的事物，放纵于令人愉悦、满意或舒适的事物之中。近义词为舒适、浪费、花哨、过多、过剩。必需品和奢侈品的区别是不明确的，分界线随收入、社会阶层划分标准的变化而变化，同时随着技术的发展以及社会价值观的改变而改变。必需品被定义为需求的收入弹性小于1的商品，而奢侈品则是需求的收入弹性大于1的商品。

“Luxury”在《牛津高阶词典》中的注解是“a thing that is expensive and enjoyable，but not essential”；在《剑桥高阶词典》中的解释是“something expensive which is pleasant to have but is not necessary”。这两个解释，比较接近以下被广泛接受的定义：“一种超出人们生存与发展需要范围的，具有独特、稀缺、珍奇等特点的消费品，又被称为非生活必需品。”

回归到中国语境中，为何“Luxury”会被翻译成“奢侈品”？我们继续深究，“奢侈”是什么含义？

“奢侈”一词最早或出自《国语·晋语》中的“及桓子，骄泰奢侈，贪欲无艺，略则行志”。“奢”侈的“奢”指“大家庭”，如皇家，或《红楼梦》中描写的贾府；“侈”指“人多”，即佣人多、随从多。“奢侈”的基本含义为挥霍浪费钱财、过分追求享受。而“奢侈品”则指只有大户人家才消费得起的物品。

其实，“奢侈品”只是一个特定时期的历史称谓。

改革开放之初的1979年3月，法国服装设计师皮尔·卡丹在北京的民族文化宫举办了一场内部时装秀，正式揭开了欧洲品牌进入中国市场的序幕。

售价动辄数千元人民币的服装与鞋履、数万元人民币的箱包与腕表，其价格之高令国人咋舌，更是与国民普遍的数十、数百元人民币的月薪形成了鲜明对比——1979年，全国城镇居民人均可支配收入为387元人民币，1990年为1510元人民币，2000年为6280元人民币。

一方面，在1995年之前，购买这些商品只能通过外汇兑换券来结算，它带来了某些国民的炫耀性消费；另一方面，在改革开放后的第一个20年，在短缺经济状态下，对于仍在追求吃饱、穿暖的国民而言，这些从国外进口的商品，实在太“奢侈”了！

但随着中国经济的突飞猛进，国民收入也大幅上涨——2005年，全国城镇居民人均可支配收入为10493元人民币，2010年为19109元人民币，2015年为21966元人民币，2020年为43834元人民币。此时，花数千元人民币购买一两件服装或鞋履，似乎也并非遥不可及的事了。而另一个事实是，“先富起来的一部分人”月入数万乃至数十万元人民币，他们才是奢侈品的主力消费者。

奢侈品的实质，是“精品”——以精益求精的态度，为客户提供精美产品与精致服务。爱马仕迄今唯一的华人皮具工匠孟向山下过一个定义：“它是用最优质的原料、最精湛的工艺、最经典科学的设计，制造出的耐用消费品。（奢侈品）本质上就是一种耐用消费品。”

在法国有一个专门的行业组织，叫“法国精品行业联合会”（Comité Colbert），它成立于1954年，创立的初衷是传承法国手工艺品，推动法国精品的对外贸易。成立至今，法国精品行业联合会已拥有80多个法国本土精品品牌，其中不乏大众耳熟能详的奢侈品牌，如爱马仕、路易威登、香奈儿、迪奥、巴卡拉（Baccarat）、宝诗龙（Boucheron）、卡地亚、娇兰、兰蔻（Lancome）、拉菲酒庄（Château Lafite-Rothschild）、马爹利（Martell）等。法国精品行业联合会对品牌的筛选有严格的标准，尤其注重精品的手工艺及文化传承。

此外，法国精品行业联合会成员还包括15家重要的文化机构，如卢浮宫、巴黎歌剧院、奥赛美术馆，以及举世闻名的凡尔赛宫等，它们象征着法国艺术和精品深厚的历史。法国精品行业联合会致力于提升它们在法国和全球的价值，旨在传播精品文化，将法式生活艺术推广至全世界。

在法国精品行业联合会成员的基础上，将行业与国度进行扩展，以拉菲、轩尼诗、路易威登、爱马仕、香奈儿、博柏利、雅诗兰黛、卡地亚、百达翡丽、劳斯莱斯、丽思卡尔顿（Ritz-Carlton）等为代表，涉及葡萄酒及烈酒、时装及皮革制品、香水及化妆品、钟表及珠宝、豪车游艇与私人飞机、精品家居与高级酒店六大领域，这些来自法国、意大利、英国、德国、瑞士、美国等欧美国家的（品牌）产品，就是国内消费者所追求的“奢侈品”，亦是本书所谈论的核心。

综上所述，我对奢侈品的定义如下——它是所处时代中采用最优质的原料，以最精湛的工艺、最经典科学的设计制成的，蕴含深厚文化底蕴且附带社交属性的精美绝伦之物。

为了顺应已广泛传播的称谓，本书仍将以上欧美国家的（品牌）产品，按习惯称为“奢侈品”。更细致地拆解，奢侈品需具备以下两个层面的特性。

产品层面——出类拔萃的品质、高售价且高毛利率（品牌溢价）、稀缺性与独特性、独占消费者的心智、供不应求的买卖关系、收藏与投资属性；

文化层面——悠久历史与传奇故事、展示尊贵地位的社交功能、符号意义重于实用价值、高级美感与品牌仰视感。

关于奢侈品的含义，有以下三点需要特别强调。

第一，奢侈品是一个相对的概念，特别是代入了个人情感的自我奢侈品。同样一个物品，对何人可谓奢侈品？比如肯德基（KFC），对拥有良好健身习惯的白领而言，它是廉价的高碳水化合物“垃圾食品”；但对家境贫寒的乡镇少年而言，它却是一顿难以企及的、具有仪式感的“大餐”。又如爱马仕的铂金包，在很多消费者眼里，是绝对奢侈品的代表，月薪万元人民币的白领，为得到它即便花光储蓄，甚至刷信用卡也在所不惜（我并不提倡这种非理性的消费行为）；但对月薪十万元人民币甚至更多的金领而言，这只铂金包只是她用来犒劳自己的精致礼品而已。

对一些消费欲望不太强烈的人而言，华服、珠宝与名车并非他们心中的奢侈品，而美好的自然环境、简单而和谐的人际关系、身健康且心自由的生活状态等，这些与个人经历及心境息息相关的事物，才是奢侈品，但这种奢侈品并不能形成市场经济乃至催生一个产业。因此，这只是自我的奢侈品，而非本书所讨论的市场经济意义上的奢侈品。

第二，奢侈品是一个动态变化的概念，它因人物、时间及空间的变化而变化。例如在 20 世纪 80 年代，婚礼时必备的“三转一响”（即手表、缝纫机、自行车及收音机）就是国民级的奢侈品；步入 1990 年后，奢侈品又变为彩电、冰箱、电话与音响。而到 2010 年后，这些物品已从当初的奢侈品转变成了居家日用品。

此外，奢侈品的受众也从少数人群逐渐向更大的群体拓展。比如路易威登入门级的 Neverfull 手袋，曾经是所有购买奢侈品的消费者的第一个大牌包（首个必买单品），而随着社会经济的发展以及国民收入的上涨，我们可以在街头巷尾越来越多地发现它的身影（其中也存在很多仿品）。

第三，奢侈品不仅仅是具象的、物质层面上的产品，还有精神与文化层面的属性。如何更好地理解奢侈品的消费价值？我从政府高层的讲话中提炼了商业层面的诠释——“人民对美好生活的向往就是我们的奋斗目标”，也是人心所向，更是商业的前行方向。“美好生活”包括两个层面：更丰富且优质的物质享受，更多元且高级的精神享受。而奢侈品正是兼备物质享受与精神享受双重属性的商品载体。从某种程度上说，消费奢侈品就是国民享受美好生活的一种表现形式。

奢侈品既是稀缺的物品，也是一种社会标志，将使用者划分为不同的社会群体（人以群分）。它售价很高，普通人很难购买或使用，属于同一个品类中最昂贵的产品或服务；结合其附加价值（精神与文化层面），便能传达使用者的身份、地位、财富、品位等信息（展示他是一个怎样的人）。这就是奢侈品在人际交往中的社交属性。而另一种情况下，使用者更多地享受的是奢侈品带来的精神愉悦，比如与好友共品一瓶美酒，与表友共同鉴赏一块名表的制作工艺以及分享其背后的品牌精神、人文故事等。这种由产品带来的独特且顶级的精神体验，也是奢侈品的使用价值所在。

二

定价策略：奢侈品真的很暴利吗？

根据市场营销学的通识，定价策略是市场营销组合中一个关键的组成部分。价格通常是影响交易成败的重要因素，同时又是市场营销组合中最难以确定的因素。企业定价的目标是促进销售、获取利润。这要求企业既要考虑对成本的补偿，又要考虑消费者对价格的接受能力，从而使定价策略具有买卖双方双向决策的特征。此外，价格还是市场营销组合中最灵活的因素，它可以对市场作出灵敏的反映。

定价一般有三种方法：成本导向定价法（成本是指企业生产经营过程中所发生的实际耗费）、需求导向定价法（根据客户对商品的认知和需求程度制定价格）、价值导向定价法（根据客户对公司产品的价值认知确定价格）。

而具体到奢侈品行业，奢侈品为何卖这么贵？这个话题横跨了社会学、心理学、经济学、市场学等多个领域。简而言之，它取决于三个关键点：工艺价值，客群定位，供需失衡。

先说工艺价值。奢侈品的工艺之美，到底值不值钱？

中国的“逆天”制造能力举世闻名，而众多奢侈品牌将（部分）生产基地放在中国，似乎更佐证了这一点。以至于很多国内制造业厂家都宣称：“奢侈品牌就是会忽悠，价格数万元人民币的包，我们用不到一千元人民币的成本就能生产出来，保证质量一模一样！”

各大奢侈品牌都成了被攻击的对象，但你真的了解它们的经典之作有多美吗？

比如爱马仕的包。“我刚到工坊时，上司曾给我上了一课。他说，一张羊皮就只做一个钱包，不要省材料。其实，一张最好的羊皮，省着用，真的可能可以做出两个钱包，但他说，我们的客户花了这么多的钱，我们就要用最好的材料。”作为爱马仕皮具工坊有史以来的首位华人皮具工匠，孟向山这才明白，“奢侈品能售卖出天价，靠的不仅是品牌知名度，还有最优质的原材料、最精湛的工艺、最经典科学的设计”。

其实爱马仕包的制作，从动物养殖就已经开始了（这里纯属研究讨论，不涉及动物保护范畴）。每一个皮具工匠都是动物学大师，他非常清楚地知道，这种动物生长在什么样的环境里，它的皮有什么特质，背上或肚子的那一块皮用怎样的方式能够处理得最好，最适合用来做哪款包。此外，爱马仕对皮质的要求是完美无瑕、纹路对称、颜色均匀，得在多少张皮料中才能寻觅到符合如此苛刻标准的皮？包的缝线（采用双针缝线法）至今仍是纯手工完成的……所以，爱马仕的包价格不菲。

又如宝珀的五十噚腕表（噚，英文为 Fathom，一种英制长度单位，1 噚为 6 英尺，约合 1.83 米）。1953 年问世的五十噚系列腕表开启了宝珀专业潜水表的新篇章。

当时，法国海军刚成立了一支潜水突击队，急于寻找一款在执行深海任务时可精准读时的腕表。时任宝珀首席执行官 Jean-Jacques Fiechter 就是一位业余潜水爱好者，以自身在潜水运动中的经验和需求为基础，研发出一枚适合潜水时使用的高性能腕表。它不仅成为法国海军的制式装备，更成为后世专业潜水腕表的“开山祖师”。

五十噚腕表配备单向旋转表圈，可在表盘上显示下潜时间，提醒潜水员何时应该上浮。数字和指针（具有夜光功能）通常搭配深色表盘，即便在夜间也清晰易读。由此，五十噚腕表成了法国海军的制式装备，开始出现在法国潜水突击队所执行的所有艰巨而危险的水下军事作业中。

时至今日，当代潜水表仍然遵循 1953 年五十噚腕表的标准。对比 1996 年国际标准化组织制定的 ISO 6425 潜水表标准认证，可发现两者大同小异。由此可见五十噚腕表的开创性地位。

而做工精湛的现代机械腕表，能将数百个零件整合在手腕上的方寸之间，这对材料的把握与精妙运用、设计的创意与绝妙执行、工艺的精湛与巧夺天工、功能的创新与精益求精等提出了极为苛刻的要求，绝对是人类在天体学、物理学、材料学、工艺美学等方面的极致成就。就看时间的功能来说，手机已经足够满足；但机械表之于佩戴者/藏家的魅力在于——“它在呈现当下的时间，而我在收藏岁月”。

再如香奈儿的NO.5香水。这款集合了80多种成分的香水，由前沙皇宫廷调香师恩尼斯·鲍（Ernest Beaux）调制，之所以叫NO.5，是因为这是他编号为“5”的一款香水。“这就是我要的，一种截然不同于以往的香水，一种女人的香水。一种气味香浓、令人难忘的香水。”香奈儿女士对此着迷不已。NO.5香水是永恒经典的象征。

一瓶香水的制作从种植鲜花时，就已开始。如何觅得一块有天赋的土地，使其纬度、海拔、土壤、光照、水源、天气、昼夜温差和微生物环境等风土（即法国葡萄酒界所说的terroir）能够种植出质量最佳的鲜花？种植环节就已如此复杂，更别说调香师还得经历对数十种原材料的味道提取、数百次原液的创意配比、数千次实验的重复推翻。

现在，你还会认为香水的成本只是那“一个玻璃瓶加一点点原液兑水”吗？

还有菲拉格慕（Ferragamo）的鞋履。创始人萨尔瓦托勒·菲拉格慕（Salvatore Ferragamo）先生为了找出永远合脚的鞋履的制作秘诀，特意去洛杉矶大学修读人体解剖学，了解了身体的重量如何对脚掌造成压力的相关知识，于是他设计出加入铁片的鞋子以加强鞋子在拱位处的支撑力；又旁听了化学工程及数学课，发掘护理皮肤及使用不同物料的新知识与新方法。在群星璀璨的好莱坞赢得“名人御用皮鞋匠”的称号，他绝非浪得虚名。

由此可见，奢侈品有一个特征：它体现了一种建立在财富之上的极致审美。数十位大师花费一去不复返的青春，给你呈现一个独一无二的艺术品（比如极致的腕表、奢华的珠宝、顶级的包、绝妙的美酒等），除去原材料成本，你还得为大师们的珍贵时光及人生买单。

再说客群定位。举一个现实生活中的案例：想想数十年前仍处在学生时代的你，只能佩戴价值数十元人民币的电子表时，你是否渴望拥有一枚售价上千元人民币的石英表？

同理，如今你梦寐以求的机械表，或许只是另一部分人喜欢就买的日常消费品。如果你月薪刚过万元，却想要购买一块价值 5 万元人民币的机械表，确实捉襟见肘；但对于那些月入 10 万元人民币甚至更多的人而言，“盘它”则毫无压力。时常有人吐槽：“奢侈品什么都好，唯一的缺点就是贵。”其实，如果你觉得它贵，往往是因为你还不是它所针对的消费者，或许是因为购买能力，或许是因为消费心态。

在奢侈品营销中有一个“不迎合消费者”的原则。在此原则之下，一个奢侈品牌才能确保它所有的产品系列永久地保持一致性，并进一步维持它的纯正性、神秘感与吸引力。在传统的营销理论中，“客户就是上帝”，但对奢侈品牌而言，其整体身份不是建立在某一个人或者某一类产品上，而是建立在一套把客户的愿望置于企业核心的方法论上——奢侈品牌会倾听客户的心声或了解他们的愿望，之后在全球范围内（至少在地区范围内）将这些愿望转化为他们所需要的产品。无论是对客户完全置之不理，还是过分迎合客户，都会导致奢侈品牌丧失对客户的主导权。

传统的营销方式热衷于从其他品牌那里争夺客户，这促使公司不断地推出加强市场渗透并抢占市场先机的新产品。为了扩大品牌的覆盖面，也就是增加品牌所吸引的客户数量，就不能使品牌过于特别或高端；而对奢侈品牌而言，扩大品牌的受众群就等于稀释它的价值，因为这会使品牌丢失一些独特之处，一旦丧失了核心客群的追捧，最终就会被消费者遗弃。

最后说供需失衡。当一个产品同时被 3 个以上消费者争抢，品牌方就获得了绝对的谈判优势地位。为何在经济下行趋势之下，爱马仕、路易威登、香奈儿等头部奢侈品牌依然敢涨价？且涨价之后各大门店门口依然排着持币待购的消费者长队？答案很简单，因为有消费者需要。“得不到的永远在骚动，被偏爱的都有恃无恐。”这感觉很玄妙，像极了爱情……

传统营销的主要目标是获得市场份额的增长，力求成为市场份额的领军者，以便增强在同行、消费者心目中的影响力，并且在一些产业供应链中成为不可忽视的力量。一旦有了巨大的销售量，即使产品的单件利润（率）很低，公司仍然可以盈利。这便是大众营销的本质。一大批中国品牌正是通过这种方式，在铺天盖地的线下渠道与线上平台中完成了公司资本的原始积累。

奢侈品牌每年的生产数量则刻意保持在一定数量以下，正是它的稀缺性使销售更有价值，只要让客户明白该产品稀缺的原因，并且做好了等待的准备即可。产品的稀缺性可以像客户关系一样被管理，在这种情况下，销售量小就不再是失败的销售表现，而是一种为了控制需求而有意抵制需求的专门策略。“当一种产品卖得太好时，我们就会停止生产它。”某任爱马仕CEO曾如此说。

这是奢侈品在社会群体划分中所扮演的角色所导致的结果：知道并渴望得到一个奢侈品的人的数量，必须大于它的实际购买者的数量。这条法则对全球最成功的那些奢侈品牌而言是一个巨大的挑战。

站在品牌方的立场来看，如果你暂时只是一个地区的奢侈品牌，那么走向国际化可以保证在提高销售量的同时，避免市场渗透所造成的对高端品牌价值的损害。对欧洲的奢侈品牌而言，美国和亚洲（特别是日本、韩国、中国）市场为它们创造了销售量增长的机会，但并未使它们内含的高端价值减损。

但当这个品牌已经成长为一个国际品牌，就到达了一个瓶颈期——或者坚持自己的奢侈品路线，停止提高销售量，转而提高产品平均价格来获得营业额的增长；或者放弃奢侈品路线，改走高档品牌或时尚品牌路线，通过多款平价来提升营业额。

这两条路线并无对错之分，但它们所形成的与消费客群之间的供需关系是截然不同的。奢侈品对客群是挑剔的，它在过去专属于王室贵族，而在今天为我们的无阶级社会分出等级，但这种等级的划分标准不再是人的出身（血统等），而是人的优势（思想、技能、财富、社会贡献等）。所以每个人都在寻求提升自我身份地位的方法——这时奢侈品就成了人的一种荣耀和逐渐向上攀升的标志。要想保持这种地位，奢侈品牌就必须一直主导它的客户。这并不是说奢侈品牌不尊重客户（比如父母也能主导孩子，但是并不意味着父母不尊重孩子），而是要与客户保持一定的距离，既不傲慢，也不疏离，同时还能保持一种神秘的气质。

奢侈品也是文化和品位的主导。即使有些富裕的买主并不懂奢侈品，但他们通过一个奢侈品蕴含或消耗的大量资源，也可以推断这样的产品才能算得上奢侈品。由此，奢侈品牌必须足以担当建设者、教育者和领路人的角色。而正是因为奢侈品占据主导，它在销售过程中便有意或无意地设置了一种阻力，无论是有形的还是无形的。阻力越大，人们想要得到它的欲望就会越强。

这也是与传统营销不同的地方。无论是20世纪60年代提出的"4P"（即产品/Product、价格/Price、渠道/Place、促销/Promotion），还是20世纪90年代提出的"4C"（即客户/Customer、成本/Cost、便利/Convenience、沟通/Communication），都在强调产品与客户的高效联结，品牌方都在想方设法使客户更容易买到某一个产品；而奢侈品则恰好相反，它知道如何在客户喷薄欲出的欲望之外设置必要的障碍，并保持这些障碍。在克服重重障碍之后，客户最终的确能享受到奢侈品带给他们的乐趣。这些障碍包括但不限于售价昂贵、限量发售等，更多的是文化门槛（客户要懂得如何欣赏该产品以及如何穿戴使用）、身份限制（优先向 VIP 客户销售），以及等待（如至少要等半年才能得到一辆劳斯莱斯汽车）。

对奢侈品而言，价格只是一个技术层面的细节问题。奢侈品是“最优的”，而不是“可比较的”。迎合合理的价格标准，就是把奢侈品的价值降低到它有形的层面，而否认了它无形的价值。通过提价，奢侈品牌可能会失去一些次要的客户，但对那些位列金字塔顶端的客户而言，品牌的魅力反而大大增加了。

由此可见，奢侈品的定价绝不是根据成本导向定价法来进行的，相反，需要依据价格来构建品牌，这更像一种逆向工程，产品的使用功能、梦想价值、象征价值都得被考虑进去。奢侈品牌不可能预先知道产品的象征价值（即消费者在梦想价值之外愿意为商品支付的价值），而且大多数奢侈品都是符合“凡勃伦效应”的——消费者对一种商品需求的程度因其标价升高而不是降低而增加，它反映了人们进行挥霍性消费的心理愿望。只有在最初设定一个相对较低的价格，慢慢往上增长，直到销量停止增长时，才能找到该产品的梦想价值——回想一下，你是否也购买过供不应求且价格不断上涨的奢侈品？

所以，奢侈品的价格应该这样设定：客户愿意为这个产品支付的价格，是既能让客户感觉到这是奢侈品，又能让客户支付得起的价格。

三

消费心态：购买奢侈品就是为了炫耀吗？

2020年，都市情感剧《三十而已》热播，剧中女主角顾佳与富太太们的合影引发热议。

顾佳为了得到孩子入读幼儿园的推荐信，求助于王太太；随后，她被王太太带入富太太圈，但首次参加聚会就被鄙视了——就她一人背着香奈儿的包，而其他太太的包全是爱马仕的，查看朋友圈的照片时，她才发现自己被裁剪掉了……为了打入这个圈子，她用尽所有积蓄买了一个爱马仕包（顶级稀有皮的款），终于赢得了富太太圈子的入场券。

这么一个场景，让无数观众仿佛看见了自己，觉得十分扎心；也让口水与唾沫齐飞，抨击声不止。当我们在消费奢侈品时，到底是在消费什么？它可能是自我保护的“盔甲”，可能是进入某个圈子的“敲门砖”，也可能是缓解身份地位焦虑的“安神器”。

奢侈品就像一个万花筒：你能看到自我犒赏、以物传情的人性之美；也能看见物欲横流、装腔炫耀的人性之恶。它似乎什么都没做，却折射了人生百态。

奢侈品是制造身份地位焦虑的“始作俑者”吗？

自发源起，奢侈品就作为欧洲各国皇室、上流社会的私享品而存在——极致奢华、品质卓越，由工匠手工制作，花费数月乃至更长时间方可制作一件衣服，或一个包。

然而，在第二次世界大战之后，旧的世界格局被打破；20世纪50年代第三次科技革命带来了全球经济的飞速发展，也使政治、文化以及社会局势发生剧烈改变。

一方面，由于精通工艺的品牌创始人和继承人缺乏商业运营能力，家庭作坊式的小公司越来越不适应现代商业发展的要求；另一方面，精明的资本家趁势而入，赋以工业化流程传奇品牌故事，催生了社会大众皆可触碰的“奢侈品”，并美其名曰“奢侈民主化”。

甚至，为了更进一步降低消费门槛（或提升公司业绩），奢侈品行业发明了一个全新的商业模式（由天才设计师、迪奥品牌创始人迪奥先生开发）——高端奢侈品的定制，虽然单价高，但总量总是有限的；而香水及配饰产品虽然单价不高，但可以大规模地售卖，为公司获取高额利润。1947年，“迪奥小姐”香水诞生，奢侈品行业经典的产品结构由此确定：

顶端是高级定制，卖给上流社会人士；中端是品牌的成衣和包具等，卖给中等收入群体；香水、配饰等一系列价格相对较低的单品，卖给收入偏下的大众，满足他们追求大牌的梦想。这种经典的金字塔结构，让品牌在商业模式及运营上非常稳固。

大众哪怕买不起高级定制，也可以从价格亲民的钱包、配饰、香水、口红入手，而过季打折更是帮许多人实现了奢侈品梦想。蜂拥而至的客群造成各种货品供不应求（也不排除是品牌方的饥饿营销策略），规模庞大的消费群体为各大奢侈品牌带来了源源不断的利润。

从欧洲皇室、贵族等上流社会人士使用的私享品，到社会大众热捧的消费品，奢侈品的大众化，到底是民主化进程的福利，还是身份地位焦虑的体现？是精明资本家的商业游戏，还是奢侈品牌自我降格的开端？

或许没有真相，答案在风中飘。但可以肯定的一点是：若你想要靠奢侈品来缓解身份地位焦虑，无疑是治标不治本。让你陷入焦虑的，并非奢侈品；而能帮你缓解焦虑的，也绝非奢侈品。

先来看两组数据，分别是 2020 年前后奢侈品在中国的消费数据。

2019 年 9 月，麦肯锡发布《中国奢侈品报告 2019》，报告开篇即写道："得中国者，得奢侈品天下。"2018 年，中国人在境内外的奢侈品消费额达到 7700 亿元人民币（七成消费发生在境外，境内消费仅占三成)，占全球奢侈品消费总额的1/3，平均每户消费奢侈品的家庭支出近8万元人民币购买奢侈品。预计到2025年，中国奢侈品消费总额有望增至1.2万亿元人民币。2012年至2018年，全球奢侈品市场超过一半的增幅来自中国。展望未来，预计至2025年这个比例将达到65%。

2020年，全球社会与经济动荡，而在这一年里，中国的奢侈品消费却逆势上扬——2022年1月，贝恩咨询发布《2021年中国奢侈品市场报告》，报告显示，尽管面临日益严峻的全球社会和经济挑战，2021年中国境内奢侈品市场继续保持两位数高速增长，部分品牌增速超过70%。

由于近几年出境游受限，大部分中国消费者选择在境内购买奢侈品。此外，海南免税购物释放潜力、数字化进程逐步推进，也进一步推动了中国境内奢侈品消费的增长。

《2021年中国奢侈品市场报告》联合著者认为："从全球范围来看，2021年，中国（境内）市场占全球奢侈品消费总额的比重从2020年的约20%上升至约21%。我们预计，这一增长趋势将在未来延续下去，且无论未来出境游复苏进展如何，到2025年，中国（境内）市场都有望成为全球最大的奢侈品市场。"

数据揭露了中国消费者对欧美奢侈品的热烈追捧。中国市场更是成了全球奢侈品行业逆势增长的"发动机"。但放眼望去，奢侈品的消费却依然充满争议——这是一个最受委屈的产品，消费者“嘴上说不要，身体却很诚实”。这是一个最为撕裂的行业，有的人买了奢侈品，千方百计不让人知道；而有的人买了奢侈品，却费尽心思让周遭尽知。这是一个被误解的市场，由千万国民参与消费而缔造的万亿规模市场，绝不仅仅是“虚荣”“攀比”“炫耀”等几个负面词语就能诠释的。它的存在，一定有更具内涵的底层逻辑。

按照马斯洛需求层次理论，从低级到高级的需求共分为八级（传播较广的是旧版的五级需求），依次分别为：①生理需求，包括对食物、水分、空气、睡眠、性的需求等；②安全需求，人们需要稳定、安全、受到保护、有秩序、免除恐惧和焦虑等；③归属和爱的需求，一个人要求与其他人建立感情的联系或关系，如结交朋友、追求爱情等；④尊重的需求，分为两类，尊重自己（尊严、成就、独立等）和尊重他人（地位、威望等）；⑤认知需求，满足对知识和理解、好奇心、探索、追寻意义和可预测性的需求；⑥审美需求，欣赏和寻找美等；⑦自我实现的需求，实现自己的能力或者潜能，并使之完善化；⑧超越的需求，即超越自我。

KPMG 公司对奢侈品客户的消费动机的调查显示，72% 的调查对象同意“我喜欢奢侈品的卓越品质，而不仅仅是想要追求品牌”；62% 的调查对象表示“我购买奢侈品是为了犒劳自己”；60% 的调查对象表示“拥有奢侈品能表明我的成功和社会地位”；60% 的调查对象表示“奢侈品让我更加自信”。[①]

而“Z 世代”（指 1995—2009 年出生的人）的消费观念发生了更细微的转变。TMI 腾讯营销洞察与波士顿咨询公司发布的《中国奢侈品市场数字化趋势洞察报告（2021 年版）》显示，1990—2000 年出生的客群在奢侈品消费者中的占比已达 50%，市场贡献规模达 46%，可以说到达了世代更替的转折点。成长在物质充裕、互联网兴起、经济高速发展的时代大背景下，他们对奢侈品的消费观念独树一帜，其需求场景、购买习惯和人群结构也与中国的初代奢侈品消费者大相径庭。

1990—1995 年出生的消费者购买奢侈品的前五大主要考量因素为品质上乘、奖赏自己、产品设计、品牌服务 / 体验、产品材质；1995—2000 年出生的消费者购买奢侈品的前五大主要考量因素为奖赏自己、品牌服务 / 体验、产品设计、自我表达、品质上乘。

《中国奢侈品市场数字化趋势洞察报告（2021 年版）》总结了五大启示：第一，“90 前”消费者普遍对产品的各方面提出高要求，对各选项的重要性评价绝对值均高于“90 后”消费者，如服务等；第二，对比“体验”和“折扣”，在所有人群中，前者的受重视程度都远超后者；第三，自我意识提升和消费场景变化，对“90 后”消费者而言，购买奢侈品是奖赏自己、自我表达的重要手段，也是比传统送礼更重要的场景；

---

① Vincent Bastien，Jean-Noel Kapferer. 奢侈品战略：揭秘世界顶级奢侈品的品牌战略 [M]. 谢绮红，译 . 北京：机械工业出版社，2013.

第四，品牌体验对所有客群均为重要因素，如“90后”消费者看中购物全流程的新颖体验，“90前”消费者关注门店服务；第五，购买和审美变化，“艺术价值”的重要性在“90后”消费者心中上升，代表了购买和审美取向的变化。

从以上调查报告的内容可知，大部分消费者购买奢侈品的需求层次主要落在了第七、六、五、四（依照对消费者的重要性排序）层次上。引起社会非议的“虚荣”“攀比”“炫耀”等行为，并非整个奢侈品消费市场的主流。

事实上，内涵丰富的奢侈品，其消费群体的消费动机也是丰富的。一些已经拥有财富和地位的人，并不想将自己的财富展示给他人，他们也无须向圈外人士证明自己，只需谨慎地保持在同行中的地位。他们倾向于消费低调的奢侈品，讨厌明目张胆地炫富（如使用带有大Logo的商品）。他们认为奢侈品自身就是奢侈（物品），而能够识别奢侈品也是奢侈（品位）。

而另一部分新富群体的消费心态更为复杂。比如一些社会地位高但财富相对较少的人群（如互联网新贵、律师、医生等），他们的地位是建立在高等教育基础之上的，他们并非将奢侈品作为财富的物质象征，而是把它看作强烈的个人体验或无形之物（每一件奢侈品都代表着一个国家的最高工艺水准），如富有创造力的美学设计，或是创新的高科技设备等。

当然也有一部分新贵，需要一种清晰的标志，需要真正的、能与之相匹配的品牌来表明他们属于自己想要生活的那个世界。这一群体喜欢显眼而知名的Logo，以显示他们属于富人群体，且能负担得起奢侈品昂贵的价格。他们希望通过没有限制的消费和无所顾忌的财富展示来获得地位和名望，并期待人们尊重他们的经济成就与各方面的成功。

可以说，奢侈品的消费带来了双重影响，首先是拉开了不同群体间的距离，其次还使特定群体产生了归属感。奢侈品仿佛成了进入理想生活的“通行证”。

需要特别说明的是，消费者购买这些价格、地位几乎能被所有人认知的奢侈品，并不是一种多余的行为，它是彰显成功的必要手段，更是在陌生社交中最高效的沟通方式。站在这个角度看，奢侈品消费也有其正当意义——“被看见”，继而被服务、被认同。

举个例子：倘若你是个楼盘销售员，同时有 2 个客户走进售楼处。一位身穿普通 T 恤、牛仔裤及帆布鞋，骑共享单车而来；另一位则西装革履，不经意间露出价值不菲的腕表，从价值 200 万元人民币的奔驰商务车中下来，向你踱步而来。请问，你会先接待哪一位？

极有可能，你会先接待后者。为什么？因为他看起来更有购房的实力，得优先接待；而他则（通过无声地彰显豪车、腕表）获得了快速且优质的服务，提升了他的办事效率。尽管你们素昧平生，但以奢侈品为媒介，你们迅速地达成了默契，从而使整个服务过程更高效便捷。

一味地强调内涵而忽视外表，也是一种肤浅。你用什么品牌、用哪个款式、如何搭配，都直接将你的财富、品位、生活方式等显露出来。若对方也懂，只需简单交流，你们瞬间就会成为“多年未见的兄弟”。而这份“只是因为在人群中多看了你一眼”而达成的默契，正是奢侈品带来的美好价值之一。

这种使用奢侈品带来的高效率沟通与圈层认同，便是“人以群分”的真实写照。行走江湖，什么样的身份都可以通过相应的奢侈品牌来展示。比如你圈子里的老板佩戴劳力士手表，你总不能那么不懂事地戴一块百达翡丽腕表吧？再如你要去谈一个价值上千万元人民币的业务，就戴一块售价两三万元人民币的浪琴手表去，怎么能让人相信你的实力呢？

这些人际关系的潜规则，没人会明说，但大家都在心照不宣地执行着。一位做生意的老板透露：“我使用奢侈品主要是受人群影响，因为所处的圈子不同，得匹配不同的奢侈品，否则大家会戴着有色眼镜看我。像一些低调的富豪那种不怎么讲究穿着的习惯，在我们这里吃不开。”在圈子盛行的社交背景下，通过奢侈品来彰显自身实力，以融入某一个群体，就成了一种社交的必要手段。

奢侈品消费的本质到底是什么？或许没有标准答案。我写过一句话，或许可以揭示“冰山一角”——你消费的是传统工艺与现代材料相结合的无与伦比的产品；你享受的是商家营造与周遭投射相呼应的自我满足的情感。

四

产品开发："金字塔"产品体系是如何构建的？

奢侈品行业的"金字塔"产品体系，得从迪奥品牌创始人迪奥先生说起。

当时，第二次世界大战刚结束，人们尚未从战争的阴霾中走出。1947 年 2 月 12 日，迪奥先生举办了他的第一个高级时装展。90 套颠覆当时人们想象的礼服列队展出后，所有的观众都在欢呼，巴黎上流社会的小姐、太太们更是为之疯狂！

迪奥先生将裙长提到离地 40 厘米，优雅地露出女性的脚踝；袖子长度通常到小臂中央，即所谓 3/4 袖，里面衬以长手套；圆润平滑的自然肩线，用内衣整理得高挺的丰胸，连接着束细的纤腰；垫高的臀部，凸显女性线条；长布料加工而成的大裙摆，再加上夸张的帽檐——这些都令巴黎的时装界为之一振。

迪奥先生不仅主张体现女性优美的身体线条，而且主张“香水是一扇通往新世界的大门”。1947年，以“迪奥小姐”命名的第一瓶香水问世。迪奥先生认为：“我所打扮的每一位女性都散发出朦胧诱人的雅性，香水是女性个性不可或缺的补充，只有它才能点缀我的衣裳，让它更加完美，它和时装一起使得女人风情万种。”

“迪奥小姐”并不是时尚界的第一款香水——香奈儿早在1921年就创制了令时尚界着迷的“香奈儿NO.5”（香奈儿5号香水），第一次将时装和香水联系到一起——但“迪奥小姐”的重大意义在于，它的畅销让整个奢侈品界和时装界意识到：香水是可以大卖的，而且由于香水可以批量生产，利润又高，可以给品牌带来源源不断的稳定高收入！

这为整个奢侈品行业贡献了一个全新的商业模式。即在保留高端定制和中端服装、包具的基础上，销售价格相对低廉的香水以及配饰产品。高端奢侈品定制虽然单价高，但总量是有限的；而香水以及配饰产品虽然单价不高，却可以大规模地售卖，带来高额利润。

1948年，迪奥将精品店开到了美国纽约。美国是全球第一经济体，每个品牌都将进驻其市场作为国际化的标志。出于对美国市场的重视，迪奥先生每年都要去纽约2次，正是在这里，他（继售卖香水之后）再一次为奢侈品行业贡献了一个全新的商业模式。

一个需要普及的奢侈品业界常识是，尽管很多奢侈品牌历史悠久，但其早期扩张的速度却非常缓慢。以业界第一品牌路易威登为例，从1854年创立到20世纪70年代的120年间，其在全世界只有3家店（分别位于巴黎、伦敦、纽约）。奢侈品牌在早期基本保持“小而美”的状态（甚至是以家庭作坊的形式存在的），与今天我们看到的庞大的、国际化的奢侈品集团形象相差甚远。

迪奥先生在纽约运用美国时装业的分销系统，根据美国的成本结构、工作惯例，以及工会组织等对公司做了必要的调整。他在纽约尝试与美国袜业公司签订合同，允许该企业生产打上迪奥字样的丝袜——这种在今天看起来非常普通的OEM（Original Equipment Manufacturer，俗称“授权贴牌生产”），在当年可谓开业界先河。迪奥先生把自己的图纸卖给美国的百货公司和服装生产商，由他们按照设计图进行生产，而迪奥先生只需收取一定的专利费。

这意味着，迪奥在时尚界第一次引入了“专利授权”制度。由此，无法时常光顾巴黎的美国上流社会的女性，一样能很快买到迪奥的产品。这极大地促进了公司的发展，到了1951年，迪奥的产品线已经从原来的女装，扩展到了手袋、男式衬衣、手套、围巾、帽子、运动装、内衣、眼镜等品类。

继迪奥先生之后，另一个将“金字塔”产品体系推向高峰的是意大利著名服装设计师乔治·阿玛尼（Giorgio Armani，同名品牌创始人，以下简称“阿玛尼先生”)。因在1980年推出剪裁精巧的阿玛尼“权力套装”(Power Suit)，阿玛尼先生获得了空前的成功，并在2年之后荣登美国《时代》杂志封面，成为继迪奥先生之后登上该杂志封面的第二位服装设计师。

随着阿玛尼先生名气日盛、生意大好，开设Second Line(即第二条线，副线)是再自然不过的事。1981年，Emporio Armani正式成立，并于米兰开设首间专门店。“Emporio”为意大利文，意思是“百货公司”。

从其名字可想象到Emporio Armani就是一间阿玛尼的百货公司，货品种类繁多，有男装女装、鞋履、香水，以及眼镜饰物等。该品牌为喜爱阿玛尼但不喜欢成熟的Main Line(主线)的年轻人，提供了他们喜爱的生活百货——同样设计精湛、质量优良，但价格却比主线产品便宜不少。

从一个产品到一个帝国，集创意总监、集团CEO于一身的阿玛尼先生，开启了疯狂的“开挂模式”。至高峰时期，阿玛尼集团旗下共拥有高级定制系列、高级成衣系列、前卫都市系列、都市成熟男女系列、年轻潮流系列、亲民牛仔系列、童装系列、家居系列等数个品牌线，甚至还将商业帝国触角延伸到酒店、餐厅、夜店等领域。一个庞大的商业集团，在阿玛尼先生的指挥之下，有条不紊地运转着。

在商业帝国的缔造过程中，身为服装设计师的阿玛尼先生展现了其不凡的商业头脑。同行们也纷纷效仿，提炼出了他的四大绝招。

绝招一：名人营销。阿玛尼并非一开始就位列顶尖品牌的行列，转折发生在1980年。当年阿玛尼先生设计的“权力套装”问世，为了将此设计向高端人群推广，他将此套服装提供给知名电影男星使用。随着影片大获成功，阿玛尼品牌也在好莱坞这个名人云集的地方受到追捧。阿玛尼先生是第一位认识到名人市场潜力的现代服装设计师，但他从来不为未成名的艺人设计服装。

绝招二：收购与重组。1991年，阿玛尼在洛杉矶设立了办事处，向名人出租服装，专门满足他们在服饰方面的奇思异想。为了稳固并发展品牌在高端市场取得的成就，设计师出身的阿玛尼先生在经营上做出了很多举措。这些举措也为在品牌管理、营销方式上面临困境的其他同行提供了思路——通过收购特许经营商和贴牌工厂，加强公司对制造和分销的控制。阿玛尼先生坚持的一条收购原则，就是不收购其他品牌，以免无法融合或损坏阿玛尼品牌。

绝招三：加强终端控制。阿玛尼专卖店于20世纪70年代落户意大利米兰，1989年进入伦敦市场，1991年进入美国，1998年来到中国。阿玛尼逐步在全球建立了上千家各类专卖店，让消费者近距离地感受阿玛尼的品牌魅力。

绝招四：拓展产品线。自1981年试验性地推出Emporio Armani，首开拓展产品线的风气后，其他国际大牌纷纷仿效。阿玛尼先生意识到产品线拓展范围不够广，品牌生命力也就不能旺盛长久，只有从不同层面构筑产品金字塔，才能使品牌丰满有力。当然，产品线太广而不精则会适得其反。

将产品线做得既广又精的品牌，非爱马仕莫属。

从 1837 年在巴黎开设首家马具店以来，爱马仕一直以精美的手工和贵族式的设计风格立于经典服饰品牌的巅峰。它奢侈、保守、尊贵，整个品牌由整体到细节，再到专卖店，都弥漫着浓郁的以马文化为中心的深厚底蕴。

让所有的产品至精至美、无可挑剔，是爱马仕的一贯宗旨。其大多数产品都是手工精心制作的，难怪有人称爱马仕的产品为“思想深邃、品位高尚、内涵丰富、工艺精湛”的艺术品。

爱马仕前任全球首席执行官 Patrick Thomas（品牌的第六代领导者，首位非家族成员 CEO，任职于 1989—2014 年）曾如此诠释爱马仕的品牌 DNA：“工艺、创意、时尚，我们不是一个奢侈品牌，我们是一个手工艺的品牌。因为不用任何商标或者符号，人家就会知道，这是爱马仕的皮夹，因为这样的质地和工艺，只有爱马仕做得到，我们是材料的专家。”

若是有人问起爱马仕家族成员如何理解时尚，他们的回答永远都是：“流行和时尚从不属于爱马仕。我们只是坚持选用最好的传统、材质和手工，让经典与时间结盟。”每一款产品在秉承精致手工艺的同时，更专注于探索创意的无限可能。

时尚瞬息万变，但爱马仕从不做流行的盲从者，它屹立不倒的法宝是始终坚守自己的品牌哲学——对最优质材料的精雕细琢，对经典美物的情有独钟和对创新精神的不懈追求。

从最初的马具产品，到拉链式高尔夫夹克衫、第一个装有拉链的皮包“Bugatti”，再到旅行袋、丝巾、手表等产品，艺术对爱马仕产品的设计产生了巨大的影响，使爱马仕的产品保持着法国人的浪漫与艺术格调。截至2022年4月，爱马仕（在中国）共推出了成衣（女 / 男装）、围巾 / 披肩 / 领带、鞋履、箱包 / 小皮具、腰带、帽子 / 手套、时尚首饰、毛毯 / 靠枕、装饰摆件、餐瓷、家具 / 照明用品、办公 / 书写用品、浴室 / 沙滩用品、游戏 / 户外用品、马术系列 / 爱犬用品、腕表、香水、美妆等超过 30 类产品，“All in 爱马仕”，步入上海的“爱马仕之家”（“爱马仕之家”为品牌最高级别的旗舰店，几乎展示了品牌的所有产品，位于上海市淮海中路 217 号的这家店是全球第 5 家“爱马仕之家”），能满足你对艺术般精致生活的一切想象。

奢侈品牌通常能够在业绩增长的同时，保留自己鲜明的品牌特点。这些特点无论怎么看都是非常独特的，或许是设计元素，或许是使用功能，抑或是品牌文化。奢侈品牌的业绩增长是通过推出新产品，并打入新的国家（地区）市场，而非扩大客户群体来实现的。它们的目标客户只占整体消费客群的 20%，这意味着另外 80% 的消费客群对奢侈品牌丝毫不关心；奢侈品牌宁愿舍弃这 80% 的消费客群，而在它真正的目标客户——全心全意与它分享同样价值观的客群中实现增长。

为了达到相同的目的（品牌调性不变且业绩增长），奢侈品牌往往还会收购像它一样有明确客户群体的品牌，比如伯纳德·阿诺特陆续收购了近80个品牌，从而打造出全球第一大奢侈品集团LVMH；又如爱马仕收购了John Lobb（源自1849年的英国制靴品牌）、Puiforcat（源自1820年的银器制造商）、Saint-Louis（源自1586年的水晶制造商）等。

但这些奢侈品牌在中国进行产品线拓展时，会遇上两个特别棘手的问题：一是代工造成的“血统不正”，二是山寨对品牌的伤害。

2011年5月，意大利奢侈品牌普拉达（Prada）公司赴中国香港IPO的保荐人高盛（Goldman Sachs）在报告中指出：普拉达旗下11家企业，仅生产2成的制成品，其余均已外包生产。高盛将之视为质量风险因素，普拉达产品并非纯意大利血统的秘密终究被摆上了台面。

此次在中国香港上市，普拉达首次在招股文件中披露了奢华之外的内容——自设工厂制作绝大多数原型、大部分样板和部分制成品，其余生产工序包给外部生产商。品牌甚至承认，“截至2011年1月31日，我们的绝大多数制成品乃由外部生产商所生产”。业内人士透露，外部生产商的产量达到了产品总量的80%。

在中国香港举办的IPO新闻发布会上，针对一位中国记者的质疑，普拉达全球CEO帕特里齐奥·贝尔泰利（Patrizio Bertelli，品牌创始人的孙女婿）驳斥了“普拉达产品80%的工序在中国制作，而仅有最后的工序在意大利完成”的传言，他说：“普拉达所有原材料皆在意大利生产，只是将半成品发往中国，完成其中约 20% 的工序，所有成品都是在意大利完工的。”

此番官方表态并未打消公众的疑虑。早在 2007 年，《纽约时报》(The New York Times) 就指出许多奢侈品其实是“中国制造”的。

一个未被承认的事实是，许多奢侈品牌的生产线都设在人力成本较低的发展中国家——统计表明，欧洲服装工人每小时平均薪资为 20 美元，而且工作时间固定；而中国工人的劳动力成本是欧洲工人的 1/20，且工作时间更长。尽管高盛的报告中并未提及普拉达外包工厂的具体地点，但据媒体披露，广东省东莞市的工厂为其提供产品生产服务。

据调查，在 2008 年金融危机之后，越来越多的奢侈品牌将生产线移向中国。由中国制造的这些奢侈品，一手抓住中国的成本优势，一手撬动中国的庞大市场，但为什么中国产地的标签却堂而皇之地消失了?

普拉达向来以“意大利制造”(Made in Italy) 为卖点。而早前已有国内媒体 (《经济观察报》) 引述消息称普拉达前几年在中国找到了符合技术要求的工厂，于是在中国生产产品。困于“Made in China”的廉价形象，其 CEO 提出应该取消产地标签，一律改为“Made by Prada”——既规避了“中国制造”的低端形象，又规避了“意大利制造”的虚假宣传，还维持了拥有百年历史的品牌的价值与高端形象，“Made by Prada”真是一个天才方能想到的标签。

各国对产品产地的规定各不相同，但大体要求是一致的，那就是必须保证产品大部分（决定其品质的部分）在该国制作完成，并且在该国制作部分产生的成本（人工、材料等）要占总成本的50%以上，符合以上两条才能打上该国制造的标签。按此条文，对于中国代工的产品，“Made in China，Designed in/by Italy”的标签似乎更合理。

尽管奢侈品牌强调自己更看重创意设计、品牌故事，但不少国内消费者仍对产地十分在意。大部分国内奢侈品消费者心里还没对“Made in China”树立起足够的信心。有统计数字显示——虽然83%的人表示在中国制造的顶级时尚品牌不是廉价的象征，但86%的中国消费者表示会因为奢侈品牌标有“Made in China”的字样而不愿再购买。

面对产地问题，也有品牌是坦诚相告的，比如阿玛尼。其中国区公关部负责人曾对媒体详细阐明，阿玛尼旗下品牌线众多，其中Giorgio Armani用的是纯意大利的工艺和原料，而Emporio Armani有一部分产品是在中国生产的，副线品牌Armani Exchange则完全授权合作商家生产经营。

浙江盛宏服装有限公司是一家业内闻名的奢侈品代工厂，该公司从1999年起开始从事奢侈品代工生产，代工生产过阿玛尼旗下的Armani Jeans、Armani Exchange系列，以及该品牌成衣中最高档的Armani Collezioni系列。该公司的郑厂长表示，其工厂做的阿玛尼产品都是成品，有时候订单多，也会包给合作企业，“其实国外的品牌商早就已经认可了中国工厂的技术”。

同样坦诚的还有英国奢侈品牌博柏利（Burberry）。2009年，其以追求经济效益为由，冲破英国国内多重阻力，关闭了位于南威尔斯朗达谷地区的主要厂房，并根据全球化计划，正式将生产线迁往中国的广东深圳。

如果说“中国制造”的代工问题只是困扰各大奢侈品牌的一个“不能说的秘密”，那假货泛滥则是直接影响奢侈品牌前途命运的大难题了。

作为位于全球奢侈品行业金字塔顶端的品牌，爱马仕于2012年6月发表声明称，法国警方捣毁了一个专门制造、流通和贩售“山寨”爱马仕皮包的造假团伙，分别在巴黎和里昂逮捕了12名犯罪嫌疑人。该造假团伙中包含2名已遭解雇的爱马仕品牌雇员，可能还有其他现任雇员也参与了此次造假案件。

根据法国检方发布的公告，在秘密假冒伪劣产品制造车间，警方缴获的“山寨”爱马仕皮包及原材料堆放在一起，体积有20立方米，而且由于是爱马仕内部人员制造、在法国生产的，产品原材料考究，使得普通消费者很难辨别真伪。法国警方还同时查获了数万欧元现钞和一些银行账户，包括22个开设在中国香港的账户以及3个在塞浦路斯的账户，“账面金额达到了数十万欧元”。

业界认为，这批“山寨”爱马仕皮包已通过公司官方渠道流向欧洲、美国和亚洲市场。法国检方称：“调查显示，这是一个架构复杂、完善的国际犯罪组织。”检方估算这批假货的销售总价值高达 1800 万欧元（约 1.44 亿元人民币）。

随后，爱马仕在中国掀起了沸沸扬扬的打假行动，它与另外一个奢侈品牌都在美国纽约曼哈顿法庭打赢了官司。两个品牌同时起诉一些中国工厂非法复制其商标、仿制其商品，为此，这些中国工厂向两个奢侈品牌各赔付 1 亿美元（约 6.36 亿元人民币）的赔偿款。

但打假似乎效果不佳，一场场风波之后，各种水货、A 货、高仿货又以各种或明或暗的方式重现市场。

综合来看，假货泛滥有四个最重要的原因——一是奢侈品牌官方并不提供验货服务，官方都无法担任“裁判”角色，行业难免乱象丛生；二是在巨大的经济利益面前，造假者利用各种令人意想不到的手段，以假乱真，简直防不胜防；三是有为数不少的消费者出于虚荣消费等各种目的而知假买假，庞大的市场需求给商家带来了巨大的造假动力；四是有关部门监督不力、执法不严，反向地给造假者带来了巨大的寻租勇气。这四个原因互相影响，令假货泛滥成了一个困扰品牌方、消费者、执法者的商业困境。

奢侈品正在塑造消费分级的中国消费者群体。总体而言，真正的富人不会购买仿制的奢侈品，因为他们认为仿制品配不上他们的身份与地位，且如果被发现购买仿制品，他们会觉得丢脸。只有那些不会识别正版奢侈品的人才会购买仿制品。回归美好商业，奢侈品的“金字塔”产品体系已经为消费者提供了广泛而多样的优质选择。

五

市场渠道：奢侈品牌为何仍坚守线下门店？

自 2010 年起，中国凭借完善的基础设施、庞大的网民数量、巨大的消费市场等带来“巨国效应”，移动互联网给中国的社会与经济发展带来了天翻地覆的变化。特别是 2020 年，直播电商的崛起更是令“全民皆商”，移动互联网的电商化已经彻底改变了中国的商业形态。

各行各业，特别是个人消费品领域，皆以电商作为最重要的销售战场之一。那作为个人消费品领域最高层级的奢侈品牌，它们的电商表现又如何呢？

虽然同属商业范畴，但奢侈品跟大众消费品却有着截然不同的商品属性，主要表现为以下三点。

第一，大众消费品以性价比为销售卖点，但奢侈品却属于“凡勃伦商品”，即价格越高，对消费者的吸引力越强。

第二，大众消费品几乎只有单一的物理功能，比如纯净水，消费者购买它只是为了解渴，而奢侈品却带有强烈的社交功能，同样是一瓶水，却能够彰显购买者的财富及生活品位。

第三，使用场景不同，大众消费品可能仅能满足功能性的需求，对场景并没有太多要求，但奢侈品的消费却要求具备一定的场景。比如品尝一瓶 1982 年的拉菲（Château Lafite-Rothschild）葡萄酒，对美食搭配、品酒过程，乃至品酒环境都有相应的要求，否则就是暴殄天物。

由此可见，网络销售对大众消费品极为适用，但对奢侈品则不然。尽管很多消费者抱怨有的奢侈品牌不进行网络销售（至多只销售一些入门级产品），但他们并不知道（或忽略了）一个事实，那便是网络销售的所有优点对奢侈品来说几乎都是缺点——互联网追求即时性，瞬间更新，而奢侈品讲究的是稳定性，持久不变；互联网追求价格的优惠，而奢侈品讲究的是价格的稳定（甚至上涨）；互联网的人际关系消失很快，而奢侈品追求一对一的深度服务；互联网世界是透明开放的，而奢侈品是含蓄私密的；互联网追求唾手可得，而奢侈品是有消费门槛的；互联网追求“流量为王”、大肆出货，而奢侈品则坚持只服务小众客户……

尽管奢侈品牌也需要互联网战略，但要成为某种东西的一部分并不意味着得盲目追随。因为商品属性不同，奢侈品对电商的态度也与大众消费品不一样。主要表现为以下三点。

第一，对奢侈品牌而言，电商只是一种补充渠道。尽管大众消费品都将电商视为最重要、销售量最大的渠道之一，但对奢侈品而言，电商只是销售的一个补充渠道，甚至电商只是奢侈品牌进行品牌推广及销售引流的一种手段而已。

奢侈品真正的销售主战场依然是线下门店。当步入那个经过精心装饰的空间，置身于那个艺术化的场景，感受店员为之提供的精致、贴心、个性化的服务，消费者便会得到极大的愉悦与满足。精致的服务也是奢侈品给消费者提供的购物体验中的一个重要部分。

在奢侈品行业，一切都是以产品为开端的。产品可能是指一种具体的产品，如一块腕表；可能是指一种文化产品，如一场音乐会；可能是指一种服务，如在奢华酒店住宿一晚；也可能是产品和服务相结合的产物，如 Vertu 手机（纬图，将珍稀材质、高性能科技及英式私人管家服务完美结合于一体的奢华手机）。

由此可见，奢侈品的消费过程往往包含一个或多个物品及服务，甚至是通过多项服务表现出来的。这意味着奢侈品的消费是一种完整、全面的体验，需要客户以一种多感官的方式参与。

举个例子，路易威登的品牌创始人路易威登先生最初并不是一个行李箱制造商，他最初只是到上流社会人士的家中为他们提供行李打包服务，后来成为拿破仑三世的妻子欧仁妮皇后的御用捆工、最信任的行李箱打包专家。当时的行李在运输途中很容易受到损害，于是他发明了平盖白杨木行李箱——当时的手提箱还是圆形的，而且并不防水。他发明的行李箱更便于搬运和堆放，这对当时的新运输方式（铁路和客运货船）而言是重要的功能。巨大的市场需求使他成了一名行李箱制造商，并开设了一个生产车间。作为行李箱制造商，他获得了巨大的成功，但他始终为重要客户提供打包行李的服务，以及个性化的行李箱定制服务。

第二，电商媒体化。奢侈品的消费者，尤其是“Z 世代”的消费者，成长于移动互联网的数字世界，互联网已经成为他们生活的一部分，他们获取信息都是通过各种各样的社交媒体。因此，为了与他们进行更好地沟通，奢侈品牌也会在电商平台做相应的举措。

在某种程度上，奢侈品牌把电商当作了一种媒体宣传的手段。通过这种媒介方式来与更广泛的受众，特别是年轻受众进行有针对性的有效沟通。

互联网是一种以低成本来提高品牌知名度的途径，关键在于保持奢侈品牌的正面形象，因此在网上与未知的数量巨大的网民沟通时，必须谨慎行事，要以合乎品牌调性的方式向潜在客户提供必要的品牌内容、品牌故事和产品信息。但从另外一个角度看，通过网络销售奢侈品又是极度危险的，因为网络销售会过快提高品牌渗透度，让人们轻易就能获得产品，从而迅速降低奢侈品牌的梦想价值。

奢侈品最特别的地方就在于它与独特梦想的关系。梦想是人类不可或缺的部分，但梦想不一定必须得到满足，有时它仅仅是存在就会让我们感到快乐。梦想是超越需求和欲望的，奢侈品能通过具象的物质（精美产品）与虚拟的精神（精致服务）来回应客户的梦想，而不只是满足他们的需求和欲望。

因此，奢侈品牌一方面应该利用网络进行与（潜在）消费者的沟通，另一方面却得限制利用网络进行销售，这是由奢侈品的消费本质决定的。只有一些产品是例外，那就是奢侈品牌的时尚产品及入门级产品，如美妆、香水、服装配饰等。2020年，宝格丽在天猫开店，售卖香水和化妆品；迪奥天猫官方旗舰店入驻，出售彩妆、香氛等；香奈儿香水和美容品天猫官方旗舰店正式上线。

但也有更激进的奢侈品牌（业界越发将其视为时尚品牌了），比如彻底拥抱年青一代的古驰。2020 年底，古驰天猫官方旗舰店正式开业，涵盖手袋、皮具、鞋履、成衣、配饰、腕表、首饰等全系列商品。其总裁兼首席执行官 Marco Bizzarri 表示："古驰在全球范围内以'数字化优先'作为品牌战略发展的起点并进行策略性地投入，特别是在过去几年内针对中国发展数字化生态系统。古驰现与天猫及天猫奢品达成协议，标志着其战略合作更进一步，旨在为中国消费者提供官方的、个性化的线上购物体验。"

第三，奢侈品牌将电商当作开拓中国三、四线市场的有效尝试。中国地域辽阔，经济发展程度不一，基于商业成本的考虑，各大奢侈品牌不应该也不可能在三、四线城市开设符合自己品牌调性的门店，但这并不意味着三、四线城市没有奢侈品的客户，他们无法随时到一、二线城市的品牌专卖店去购买自己心仪的商品，而电商就具有品牌宣传乃至消费引流的功能。奢侈品牌不仅有一、二线城市的“诗与远方”，它还拥有三、四线城市的甲方。

京东发布的《2019 中国小镇青年奢侈品消费报告》显示，京东“11·11”奢侈品销售首小时业绩增长 222%，全日业绩增长 55%，比当年“6·18”的业绩增长了 112%。统计数据显示，京东奢侈品在新兴市场销量同比增长 230.12%，这部分消费者即居住于中国 3~6 线城市及所有县域城市的小镇青年群体。京东“11·11”当日成交金额增幅最大的 5 座城市为黄山、荆门、新余、南平、三门峡，无一不位于“小镇”。

京东集团相关负责人表示，小镇青年作为“有钱有闲有追求”的典型群体，受益于“消费升级”以及“渠道下沉”，生活、消费和娱乐方式已经逐渐向一线城市看齐，成为奢侈品消费不可忽视的新生力量。

必须强调的是，奢侈品战略不是靠数量取胜的，而是靠品牌增值取胜的，品牌的增值来自奢侈品牌制造的专属感。网络销售往往能够迅速地提升短期销售额，这会让承担业绩考核压力的管理者欣喜不已，尤其是当品牌陷入业绩危机时；但我们也应当看到，网络销售也会从以下三个方面稀释品牌价值——破坏品牌的专属感；让消费者不费吹灰之力就能获得奢侈品

（消费者的求不得是奢侈品创造欲望的核心环节）；无法提供交易的个性化体验和一对一的服务关系，而这是奢侈品客户关系的核心部分。

若想知道奢侈品牌是如何为客户营造一种独特专属感的，可以看看爱马仕的橱窗。

橱窗向来是爱马仕同消费者分享品牌理念、传达品牌价值的重要场景，橱窗艺术也已经成了爱马仕品牌文化中的经典部分。每年，爱马仕都会邀请世界各地的优秀艺术家为其设计橱窗，通过艺术家的独特视角展现品牌当季的主题概念。

爱马仕的橱窗艺术始于20世纪20年代。1926年，年轻的手套售货员Annie Beaumel加入了巴黎圣特娜福宝大道24号的爱马仕总店。某日，总店的橱窗经理因病请假，并找来Annie Beaumel替班，没想到这份临时工作却意外地让她展现了自己的橱窗陈列天赋。她知道该如何利用装饰、道具、商品与叙事技巧将方寸天地营造成一个异想天开的剧场，吸引过路的人驻足停留，提升他们的进店率。后来，Annie Beaumel成了爱马仕的首任橱窗艺术总监。由于她大胆而疯狂的设计，爱马仕橱窗一度被人们誉为“Drama in the street”（街边戏剧）。

真正将其橱窗打造成一个“梦幻王国”的，是1978年接任Annie Beaumel的Leila Menchari。Leila Menchari继承了这种富有想象力的展示方式，并在设计中融入了鲜明的个人风格：古典华丽、繁复华美、如梦似幻、充满异国情调。“一定要保留神秘感，神秘感吸引你进入梦境，也填补平日里想象力无法企及的空白。”她呈现的创意，总是不断地为观者带来无尽的好奇、惊喜与想象，以此让他们沉浸在另一个世界中——如绿野仙踪般的热带丛林，埃及金字塔里的胡夫像，非洲草原部落，拜占庭帝国一角，希腊爱琴海边断裂的爱奥尼亚柱，沙漠中壮观的日落，白色大理石雕成的浪花与沙滩……

爱马仕前任总裁 Jean-Louis Dumas 曾半开玩笑地对她说：“你做的橱窗是很美，但看起来不能把东西卖出去。”Leila Menchari 回答他：“我的橱窗是用来造梦的，不是用来卖货的。”

Annie Beaumel 与 Leila Menchari 的橱窗设计理念对爱马仕影响深远。长期以来，爱马仕的橱窗设计都很重视幻想感与叙事感，就像一位魔术师一样，希望能为过路的人们创造一个从现实生活中逃脱的“沉睡时刻”，在短暂的瞬间，让心灵可以栖息于美妙的梦境。

“我在爱马仕设计的所有橱窗，都是我拥有的奢侈品。”Leila Menchari 于 2013 年卸任，爱马仕艺术总监 Pierre-Alexis Dumas 给了她极高的评价：“即使 Leila Menchari 身在突尼斯，她依然是爱马仕的一部分。许多人都从她那里学到了很多东西，她教我们通过色彩的棱镜看待世界。她是一位无与伦比的故事叙述者。没有她，爱马仕就不会是爱马仕。”

在奢侈品纷纷追求数字化、年轻化转型的今天，爱马仕的品牌营销节奏却依然沉稳缓慢，它甚至从未请过名人来代言。爱马仕十分注重消费者的体验感，因此它一直将运营重心放在线下门店的氛围构建上，并坚持用橱窗和消费者沟通，借精妙绝伦的装置艺术来讲述品牌故事、介绍品牌价值观。2018 年，东京银座的“爱马仕之家”甚至集齐了 100 期橱窗艺术作品，原研哉、深泽直人等著名艺术家都曾参与爱马仕银座店的橱窗设计。或许正是这份对匠心和艺术的坚守，使爱马仕的高级和金贵，能够跨越时代而存在。

另一个对线下场景进行极致营造的案例，是瑞士高级制表品牌宝珀（Blancpain）。

2013 年 3 月，宝珀上海新天地旗舰店以全新姿态呈现于世人面前，其位于二层的休闲会所集低调质朴、奢华典雅于一身，将高级制表与美酒美食的创作理念融会贯通，旨在让客人于静谧舒适的氛围中用舌尖感受源自瑞士的贵族风范，体验创作的激情和生活的美好。①

在此旗舰店，宝珀首次向客人提供餐饮服务。会所由户内和户外两个区域构成，客人可于此凭栏欣赏新天地美景。“创新与传统交融”是这里所供产品的选择标准。秉承源自瑞士美食的“真实、激情、情感”原则，经由合作伙伴安达仕酒店主厨的完美演绎，会所为来宾提供一系列上乘奶酪、巧克力、葡萄酒和白兰地酒，更有精选自世界各地的餐前小吃和其他特色美味。此外，红酒吧内还珍藏了多款瑞士和法国葡萄酒，亦有 3 间雪茄吧供 VIP 客人储存私人雪茄。

---

① 腕表之家 . 邂逅美好生活 宝珀上海新天地会所 [EB/OL].[2015-12-17].https：//www.xbiao.com/20130410/17067.html.

作为传统的拥趸，宝珀是“瑞士制造”的热忱拥护者。“瑞士制造”不仅适用于制表行业，更是此旗舰店内绝大部分产品的供应标准。从设计开发于汝拉山谷（Valle de Joux）的腕表机芯，到新天地会所菜单上的瑞士餐点酒水，中国客户得以借此探索并体验丰富的瑞士文化内涵和其精妙的传统工艺。

一贯倡导美好生活体验的宝珀在其全球最大旗舰店中设立这样一个休闲会所并非突发奇想，而是基于其与美食界多年的合作。宝珀认为高端腕表与经典美食的诞生过程有着众多异曲同工之妙——它们都要经过严格的材料甄选、完美苛刻的产品设计、激情洋溢的创作过程，直至最终呈现成品。在这一或长或短的过程中，创作人员要始终对完美有着无限的渴望，对精益求精有着无限的追求，将产品当作艺术品来创作和雕琢，整个创作不仅仅是娴熟技术和技巧的体现，更是个人情感的投入与展现，是创作激情的挥洒与浓缩，是情感、艺术和美的融合与绽放。

同时，无论是钟表巨匠还是美食大师，都是幕后英雄，整个创作过程是清冷而孤寂的，是无人关注与喝彩的，他们以自身的低调内敛和坚定不移为世人呈现一件件流芳百世的传奇佳品。浓郁的花香来自种植者默默的耕耘与呵护，完美的佳作诞生于创作者永恒的激情与执着，而这也正是宝珀坚持与美食相结合的目的与初衷。而今，宝珀更是成为《米其林指南》（*Le Guide Michelin*）在奢侈品领域唯一的官方合作伙伴。

“以人为本”，注重人文关怀，给客户提供家的感觉和体验，是这一会所的另一大创新。客人在这里所感受到是恬淡温馨的生活氛围，这里是一个可供他们谈天说地、休憩放松的绝佳去处。在这里，客人能够一边尽享美食，一边获取一些知识和信息。无论是在专业信息层面，还是在高端生活方面，他们可以通过触觉、视觉与味觉和品牌产生积极的互动。

会所在整体设计上没有选择任何一种夺人眼球的现代化材质，材料以木质为主，营造一种轻松愉悦的感觉和温暖舒适的家庭氛围。客人在这里感受到的并非简单的商品交换过程，而是美好时光和艺术化生活的温馨氛围。这里的每样物品，同宝珀的手表一样，绝不做工业化生产，均是纯手工制作的，并且坚持从头到尾由一个工匠完成。咖啡机、雪茄、美食，不仅是性能优越的商品，更是饱含情感和展现唯美艺术的珍品。宝珀一直认为其产品中是有情感存在的，而这也正是宝珀自 1735 年创立以来在发展历程中始终坚守的理念。

宝珀用心良苦的目的是让人们充分理解和分享品牌真正的知识与理念——即除了手表，还有对美好生活的理解和追寻。在这里，人们可以领略到一段时光的价值与意义、瑞士顶级文化的精髓与内涵，以及家庭的温暖与舒适。

六

客群定位：不迎合年青一代的品牌就没有未来吗？

爱马仕似乎在刻意避免市场调研：“我们没有试图去了解客户需要什么，而是带领客户走进我们的世界，用产品说服他们。”

依靠出色的设计师、经验丰富的工程师、一流的工匠和独特的品牌魅力，而不是对消费者等营销因素进行分析，正是奢侈品牌与大众消费品牌的不同之处。

在个人消费品（特别是快消品）领域，年轻人都是各大品牌争相追逐的对象。在“国潮来袭”“新国货崛起”的当下，以移动互联网为营销利器，通过流量获取及转化来迅速引爆消费市场，成了一大批新消费品牌崛起的套路。

在这股市场风潮之下，众多营销专家、策

划大师、商业新贵也在推波助澜，“不被年轻人喜欢的品牌没有未来”“得年轻者得天下”“所有的消费品牌都值得用互联网的方式（针对年轻人）重新再做一遍”“品牌年轻化”等声音与理论不绝于耳。

年轻客群是商业持续发展的重要推动力之一，因此，能吸引年轻客群的关注与购买几乎是所有商业品牌得以生存与发展的重要条件之一。那么，位于品牌金字塔顶端的奢侈品牌是如何与年青一代互动的呢？

在当下能被称为“奢侈品牌”的品牌，几乎都已经拥有百年以上的悠久历史。如爱马仕，自 1837 年开始做皮具，逐渐发展到现在；如路易威登，从 1854 年开始做旅行箱，直到今天；如 1735 年成立的宝珀，由始至终一直坚持只生产高质量的机械表。即使年轻如迪奥，成立于 1947 年，但它一面世便璀璨夺目，一直延续到了今天。

在这些品牌横跨百年的发展过程中，如果以 10 年为一代，那它们有服务过至少 10 代年轻人的经验。在这些经验当中，有哪些是值得我们借鉴与学习的呢？

消费品牌营销策略的核心问题在于品牌的定位、独特的销售主张和有力的竞争优势等，“4P”营销理论、“4C”营销理论、USP（Unique Selling Proposition，即独特销售主张）理论、特劳特定位理论等成了业界奉为圭臬的经典方法论。因此，每一个消费品牌都要明确自己的定位，并通过产品（Product）、价格（Price）、促销（Promotion）、渠道（Place）、成本（Cost）、便利（Convenience）和沟通（Communication）等向消费者（Consumer）传递相关信息。

定位使一个品牌区别于其他品牌。比如百事可乐（Pepsi-Cola），通过定位为“年轻人的可乐”从而与可口可乐（Coca-Cola）的“百年经典的味道”形成区隔；又如红牛与王老吉，前者通过“你的能量超乎你想象”，后者通过“怕上火喝王老吉”而跟竞争对手拉开了距离，并将核心卖点深深地刻在了消费者的脑海中，成为所在细分市场的第一品牌。

消费品牌总是努力根据市场环境、主要竞争对手以及试图争取的客户群的需求，来找到一个关键的事实（或卖点），从而定义自己，且随着市场的变动而不断变动。在同质化竞争严重的“红海”市场中，消费品牌害怕的是没有独特卖点和被忽视，所以它们才需要定位，且不断地通过各种传播渠道广泛地向目标消费者讲述。

但对奢侈品牌而言，自身的独特性才是最重要的，无须与竞争者进行比较。它表达的是品位，是具有创造性的身份，是创造者内在的激情，以及所能给客户营造的完美梦境。奢侈品牌直接宣称“我就是我”，而非时刻在论证“我与竞争对手不同”。

品牌的身份赋予了品牌强大的独特性、正统性和持久性，这增强了品牌的生命力，使其经久不衰。香奈儿拥有的是身份而非定位，而身份是不可分割、无须商榷的，它就是它本身的样子。正如品牌创始人香奈儿女士所言：“I don’t do fashion,

I am fashion."（我不做流行，我就是流行。）"My life didn't please me，so I created my life."（我的生活不曾取悦于我，所以我创造了自己的生活。）"Fashion changes，but style endures."（时尚会变迁，而风格永恒。）

奢侈品是"最优的"，而不是"可比较的"，比起总在与竞争者的比较中寻找自己的定位，它更喜欢忠实于自己的身份。若从售价这一可量化的层面比较，（总体而言）爱马仕的手提包比路易威登的贵，但你不能说爱马仕就一定比路易威登好。你甚至不需要看见Logo，只要一看到款式、皮质、颜色等，你就知道："哇，那就是爱马仕！"这就是奢侈品牌的独一无二，它是如此与众不同。

在这份独特性之下，奢侈品牌对于客户的选择与沟通，也有独特的准则与方法。

奢侈品牌要隔开客户与非客户、大客户与小客户。奢侈品战略遵循"开放—保守"原则，如果过于开放，奢侈品牌的梦想价值会大打折扣；如果过于保守，就会限制品牌的发展，并导致财务上的困难。在现实运营中，奢侈品牌必须做好必要的分级服务，比如在专卖店中采取一些隐晦的隔离措施，一层与二层要分别针对不同的客户，VIP室也仅针对一小部分客群开放，甚至不同的产品线都要在不同的销售门店出现。更优质的产品与服务，仅向更优质的客户开放。

若你是奢侈品牌的VIP，你会拥有专属服务员全程陪同，不仅免去排队之苦，甚至还可在VIP室内尽享香槟、甜点等贵宾待遇。这种极致服务并不仅限于到店购物这一小段时间，你甚至在日常生活中，也能得到奢侈品牌无微不至的服务，例如在节庆假日、生日、结婚纪念日等特殊日子收到品牌方奉上的精致礼物等。

奢侈品牌会花费大量金钱及精力与现有客户进行深入沟通，并时刻强调客户是品牌家族的一员。奢侈品的购买者很少只拥有该品牌旗下的一种产品，因为他不是简单地购买一件产品或接受某一项服务，而是进入一个全新的品牌世界并成为其中的一员（这就是奢侈品牌的造梦）。新进的成员（New Money）并不会取代老会员（Old Money）的地位。当你进入这个世界，你会发现另一个更广阔的世界。

奢侈品牌也会与非目标用户沟通，毕竟它具有两个价值面——“悦己型”和“为他型”。要想维持后一个价值面，就必须保证熟悉该品牌的人要比真正能买得起的人多得多。对奢侈品而言，如果一个人看到另一个人使用的奢侈品而不能辨别这个品牌，那么品牌便失去了它的一部分价值。因此，在目标客群之外提升品牌的知名度是至关重要的，但是得用积极的方式——光有知名度还不够，还要有美誉度。

要达到这样的效果，最好的方式之一就是邀请名人在关注度高的场合中使用该奢侈品——就像阿斯顿·马丁（Aston Martin）跑车在《007》电影中的亮相一样。在实际生活中，几乎没有多少观看这部电影的人能够买得起这个品牌的奢华跑车，但是人们会认识它（知道它的实用价值与梦想价值），并且羡慕那些能拥有它的人。

奢侈品推出新产品时不做事先测试。如果一个品牌要进行测试，则表明它是一个大众品牌。在快消品的传统营销方法论中，在推出新产品之前要进行很多的产品测试。快消品是通过解决客户的问题来发展的，它们得找出这样的问题，并保证产品已经解决了这些问题，再通过社交媒体等传播渠道广而告之。其广告推广的目的就是促进销售，得到快速的回报。

但真正的奢侈品牌，如爱马仕、路易威登、香奈儿等，却从不进行产品测试。奢侈品牌是品位的教化者，它应该塑造明日的经典，而不是今日昙花一现的潮流。要做到这一点，它就不能依赖人们当下的喜好。奢侈品牌向客户传递的神秘、难以捉摸的信息，加强了它作为先锋者的地位。

奢侈品牌是精英品位的创造者、定义者、传播者和教化者。但是它们对一些经过精心选择的 VIP 客户进行新产品测试是合理的，尤其是在店内进行私密地面对面交流。这不仅是因为这些 VIP 客户与品牌有着同样的梦想，因此他们的意见比较合理；还因为这能够让他们感到"我是属于这个品牌俱乐部的"，有利于提高他们对品牌的忠实度。

真正的奢侈品牌也从不促销。这是因为奢侈品牌的营销策略跟大众品牌的营销策略本来就是背道而驰的——大众品牌若采取提价的策略，就要冒销售额下降和失去客户的风险，大多数品牌都不敢做这样的尝试，而会通过降价去尽量争取更多的客户，但这并不是奢侈品牌的营销策略。对奢侈品牌而言，让产品接近那些富人的最好方式，就是让他们自动被产品吸引。也就是说，大众品牌以低价来猎取客户，而奢侈品牌则刚好相反，客户要被其产品吸引，而忽略价格。

奢侈品的购买是一个漫长的过程。在预购买阶段，若希望客户梦想拥有该产品，则必须通过沟通来让梦想变得更加诱人，所以准备工作在购买行为发生前很久就已经开始了。比如，你是否发现微信朋友圈的奢侈品牌广告越来越多了？这就是它们与你的沟通；在购买阶段，令客户感到愉悦也是奢侈品消费不可分割的一部分，雅致的环境、充满艺术感的氛围、良好的沟通、贴心的服务等当然很重要，但有时也要让客户感到一种压力，觉得自己必须马上买下来；在购买后阶段，还得让他感到花这么多钱购买是值得的，得持续向他灌输品牌的核心、价值、历史、愿景等，以达到这样一种效果——他会成为品牌的忠实粉丝，会成为回头客，还会将品牌推荐给他身边的朋友。“口碑营销”才是奢侈品牌的最佳营销策略。

综上所述，与大众品牌相比，奢侈品牌是否应该，以及如何讨好年轻消费者的答案呼之欲出。每个商业品牌都有自己的运营空间与存在价值，所谓的营销策略也并无对错之分。而对本章节所讨论的奢侈品牌而言，它们与年轻消费者的关系，可简单概括为以下三点。

第一，与其迎合别人，不如以精益求精的心态，成为更好的自己。比如宝珀的制表工艺。诞生于1991年的表王“1735”，是一款集陀飞轮、万年历、双追针计时、三问、全历月相功能于一体的超薄款腕表。全手工打磨的740枚零件造就了这款表中之王。不忘初心的宝珀将这款超级复杂的功能腕表命名为“1735”，是为了致敬品牌成立的年份。这是一款经典的奢侈品，成了材料科学与设计美学的巅峰之作，融合了大自然珍贵稀有的极致材料与人类巧夺天工的创意智慧，是见证所在时代的物质载体。

第二，不试图去讨好所有人，但永远关注核心消费者的需求。任何一个品牌都有自己圈定的核心消费者，那就是最精准匹配品牌调性以及产品属性的那一群客户。

比如香奈儿。香奈儿女士说过一句很经典的话：“很多人认为奢华的反面是贫穷，其实不是，奢华的反面是粗俗。”由此可见，她对香奈儿客群的定位就是那些永远追求优雅气质，对自我有要求，追求更精致、美好生活的独立女性。在划定了核心客群的基础之上，再反向思考：她们会对产品有怎样的要求？她们会对美好生活有怎样的期待？在这种客户需求之下，香奈儿该生产什么样的产品、提供什么样的服务来满足她们？这才是香奈儿的品牌管理者需要思考的问题。

而在这个大前提之下，这一部分人是否年轻、是不是品牌管理大师们所定义的“Z世代客群”，并不是那么重要。香奈儿只关注这一核心客群，而并不是单方面地去刻意迎合年青一代。

第三，奢侈品是传递不同社会群体价值观以及生活方式的“试验器”。因为它具有精益求精的卓越品质，以及精湛的美学设计，在高昂的售价之下，注定了其只能被社会的一小部分人拥有。而这部分拥有者的生活方式，就会被更广泛的社会大众（特别是年青一代）憧憬。当社会大众具备了匹配的消费心态，以及拥有了相应的购买力之后，就会成为奢侈品的消费者。

对奢侈品牌而言，它们并不会像传统的、常规意义上的大众消费品牌那样忙着去追求“风口”、刻意地迎合年青一代的口味，而是关注本质、关注内心、关注当下，精心做好自己的产品，用心呵护好核心客户的利益诉求与梦想价值，剩下的就交给时间。

奢侈品牌通过时间的沉淀，赢得一代又一代年轻人的关注与渴望；而经过时间历练，自然能成就它在整个品牌行业中的崇高地位。

七

投资属性：奢侈品作为消费品的增值底气何在？

奢侈品能够保值甚至增值吗？

奢侈品的范围很广，消费者消费奢侈品的心态也很复杂，所以这一问题并没有固定的答案。但在实际消费中，确实存在一些奢侈品能保值甚至增值的情况，特别是在二级（手）市场中，某些名包及名表的特定款式彰显了其金融属性。

电商平台考拉海购的《2021 年度十款“理财包”》显示，2021 年涨价幅度最高的 Celine Romy 腋下包，较年初发售价涨幅高达 95%，大幅跑赢基金和股市大盘；Balenciaga Hourglass 沙漏手袋（36.7%）、Dior Lady（Mini）手提包（35.8%）、Celine Ava 腋下包（33.72%）、Dior

Book Tote 老花托特包（33.33%）分别列第 2-5 位。在小红书等社交媒体上，"买基金就是消费，买奢侈品才是理财"的观点随处可见。

总体而言，珠宝与腕表集贵重原材料与精湛手工艺于一身，且越高级的款式往往越是限量的，（相对地）拥有保值及增值属性，但作为消费（耗）品，名包的保值底气何在？简而言之，是基于优质原材料与精湛手工艺基础的供需失衡，若再蕴含一些文化元素，就更受消费者追捧了。

我们先来看看名贵腕表，探究它保值甚至增值背后的原因。比如"表王"百达翡丽于 2013 年 5 月正式发布的 Ref.6002G 星月陀飞轮腕表（Sky Moon Tourbillon），是有史以来功能最复杂的腕表之一。

Ref.6002G 星月陀飞轮腕表真正的创新之处在于外观，其精美奢华的装饰令这款超级复杂的功能腕表升华为精湛工艺的典范。其表壳或表盘堪称完美无瑕，将之称为"雕塑作品"可能更为合适。具体来说，这款腕表展现了两种手工艺：一是表壳采用了雕花工艺，二是蓝色的万年历表盘采用了掐丝珐琅和内填式珐琅制作工艺。

这款腕表被百达翡丽誉为"腕间的雕刻"，整个表壳由一块人造白金手工雕刻而成，饰以动人的阿拉伯风格图案，一点点细微的失误就会毁掉整个表壳。工匠在表壳雕刻上花费了超过 100 小时的劳力，才达到公司总裁 Thierry Stern 的预期。此外，表盘上采用掐丝珐琅和内填式珐琅的高级工艺，饰以花冠装饰，使表壳看起来明丽动人。

表背上呈现一幅非同寻常的景象。北半球的夜空在蓝宝石水晶表镜下旋转运动，展现繁星和月亮的变化，子午线经过天狼星和月亮，展示着月相盈亏。此外，中心的两根指针可在 24 小时刻度内显示恒星时。这些美妙的景象都是由独一无二的专利机械模组控制的。百达翡丽利用这一天文装置，对星空、苍穹进行天文描述，其精确度简直令人难以置信。

在华丽的表壳下，融合着 12 项复杂功能，包括万年历和自动返回式日期显示、三问报时、陀飞轮、恒星时、显示苍穹变换的北半球星空图、月行轨迹以及月相等。机芯由 705 个零件组成，平均厚度仅为 12.61 毫米，并以 3 赫兹的频率振荡，因此实现了长达 48 小时的动力储存。陀飞轮则隐藏于表盘之下，确保了腕表走时精准，其机芯速度每天的波动在 -2~1 秒，表上附有百达翡丽的优质印记，展现了瑞士顶级制表工艺的极致。

据说在 180 位大师级表匠中，只有一位能够制作这个型号的腕表，拥有这款腕表绝对是众多钟表藏家的终极心愿。这是一款全球独一无二的时计，凭借其兼具美感与创新的卓越设计，融合了物理学、材料学、天体学、工艺美学等方面的极致成就，深化了人们对超级复杂功能腕表的认识，就像一个可佩戴在手腕上的微缩腕表工艺博物馆。这是献给日内瓦这片钟表圣地的时计杰作，因为正是这里孕育了拥有 500 多年灿烂历史的高级钟表行业，以及自 1839 年创立以来屡创辉煌的钟表世家百达翡丽。

我们再来看看拥有“王者之位”的爱马仕凯莉包的制作工艺。此包最能体现爱马仕的手工精作精神——所有原料都是从全球的拍卖会上采购而来的没有疤痕和瑕疵的顶级皮革，但即使这样，经验老到的工匠们依然要用最苛刻的标准优中选优，在一次次的皮纹检查中，只要发现中线稍微不直，就立刻将这块皮料降级到生产皮夹的部门。直到选到 3 张色泽、纹路、手感等皆相似的皮料，一个凯莉包的选料阶段才算完成。

如今，凯莉包的材质多达 33 种，颜色超过 209 种，需要一个工匠花费 18~24 小时的时间制作完成。严苛的选料标准，以及手工精作，使之成为全球时尚女士梦寐以求的手提“艺术品”。

以上所举的两个例子，都是各自领域最高级别的产品，单是产品层面所具有的极致材料与精湛工艺，便已令它们价值不菲，再加上产量非常有限但需求量日益上涨的供需失衡因素，它们变相地成了堪比理财产品的存在。

凝聚在这些顶级产品背后的手工艺，亦是不可估值的因素。与精神产品（书籍、电影、戏剧、音乐等）相比，为何人们只需花费数十至数百元人民币，就可以领略全球一流大师的作品，而购买奢侈品却要花费数万乃至数十万元人民币？因为边际成本与收益不一样。

精神产品可以在无限长的时间、无限多的国家以多种媒介与渠道被无数的消费者享用，成本无限分摊，收益无限扩大。

比如2020年初大热的财经图书，由美国黑石集团主席、CEO、联合创始人苏世民（Stephen A. Schwarzman）推出的《苏世民：我的经验与教训》，人们仅需花费几十元人民币，就能通过阅读而知晓“这个能够影响全球领袖的领袖，是怎样成为不同寻常的人，并建立不同寻常的卓越组织的”（财经媒体人秦朔语）。

但奢侈品截然相反，数位大师消耗了一去不复返的青春，只为了给你呈现一个独一无二的艺术品（比如极致的腕表、奢华的珠宝、顶级的包、绝妙的美酒等），你得为大师们的珍贵时光买单。

试想一下，当你有足够的钱时，可以花费几十元人民币读苏世民的经验与教训，也可以花费几十万元人民币与他共进私人午宴而当面畅谈（类似“巴菲特的午餐”）。花费不同，所得当然亦不相同。

但看书所得与面谈所得的差别会像价格一样相差万倍吗？这笔价钱支付得是否值得？由此，就引发了奢侈品的功能性（实用性）问题。从这一点来看，一个售价数万元人民币的爱马仕包与一个售价数百元人民币的普通包（甚至数十元人民币的帆布包）不会有太大差别，若是按容纳物品的体积（实用性）来做一个排序，爱马仕未必会赢得使用者的欢心。但这样的比较更适用于普通商品，而不是奢侈品。

奢侈品要经过双重资格认证。第一，产品本身必须是真正的奢侈品（极致的原料与卓越的工艺）。第二，它要被推荐给真正有能力欣赏它的客户。从历史起源与现实消费来看，奢侈品的购买者对产品的需求超越了日常生活（实用性）的界限，而进入了一个更高层级的世界，此世界的核心不再是对功能性的注重，而是对美、感官、享乐、文化和神圣感等因素的注重。

如果从交换价值的角度出发，奢侈品的层次可由价格水平推导而得知，但反之并不成立，这意味着价格高并不代表它一定就是奢侈品。比如陶瓷领域的某些国家级工艺美术大师的作品，尽管极为昂贵，但不一定算奢侈品。这个方法对那些不太懂奢侈品的人而言十分抽象，一旦离开标价，他们并不能判断一个物品的价值，这只能说明他们还不具备独立判断的能力。

很多（珠宝、服装、家居等的）设计师就是靠这个信息差致富的，他们尽可能地为客户提供最昂贵的材料，以此来证明他们产品的高质量与奢华。但奢侈品的品质并不是靠数量的堆积得来的，你并不能通过一个卡地亚珠宝作品上钻石的数量来判断它的价值，还得考虑它的设计美学以及产品故事，而这些往往是无法进行量化的。

正是设计美学以及产品故事催生了产品奢华的品质。比如，一辆劳斯莱斯（Rolls-Royce）汽车并不是为了成功地将买主从家里送到他的办公室而被制造出来的——如果汽车仅仅作为代步工具的话，劳斯莱斯就没有存在的必要了。同样地，即使同为跑车，阿斯顿·马丁与法拉利（Ferrari）的气质也是截然不同的。它们属于两个不同的世界，如果你非要直接地进行横向比较（排量、加速度、价格等），那便是在展示你的无知，也意味着你无法理解这些品牌信仰的根基。

奢侈品是一种独特技术的化身，传达着独特的设计美学，因此它是产品文化的体现。这种文化在产品上得到了成功的呈现，人们可以从中体会和研究它。所以，奢侈品是一系列无形元素的融合，这一切又进而被投入令人赞叹的生产过程中——其中有对稀有资源奇迹般地利用，加上源远流长的精湛工艺，由遵守产品独有的生产法则和程序的工匠们“点石成金”。

产品的奢侈性体现在工匠对它的制造方法从下到上的把关，以及制造过程中足以彰显产品的超凡品质、不可替代性和无与伦比的想象力上。比如前文提到的百达翡丽 Ref.6002G 星月陀飞轮腕表，它突破了人们对超级复杂功能腕表的想象；又如拉菲酒庄的干红葡萄酒，它只在一片面积不大的土地上生产，并且经过长时间的酿制，遵循着酒庄严格的产品标准，这标准本身就已经过时间的检验。葡萄的收获和加工是经验的产物，而酿酒师与酒庄管理者每年都在创造一种奇迹，将这一年的风土与时光收纳进一个容积为 750 毫升的酒瓶中。

因此，奢侈品的销售需要专业并富有激情的团队，他们必须花时间去解释产品的一系列制造过程，这样才能保证奢侈品无可比拟的价值能够被人欣赏，否则它就只是一个商品而已。这种价值并不是由客户带来的，它先于客户而存在。

真正的、成熟的奢侈品消费者，享受的是一种附着于奢侈品之上的自我愉悦的体验。如果仅仅为了看时间，手机或电子表足以胜任，或者售价便宜的石英表也完胜机械表。但为何那些瑞士高级制表品牌依然深受全球表迷的热烈追捧？

正如宇舶（Hublot）的CEO让-克劳德·比弗（Jean-Claude Biver）所说："看时间是手表最不重要的功能。"对比机械表与石英表的好坏，本身就是一个伪命题。因为佩戴机械表的意义，不仅是看时间，手表的准确率并不是衡量手表好坏的唯一标准。如果单纯从走时准确度来看，石英表确实比机械表更精准；但在文化、传统、历史和工艺价值上，机械表比石英表更具优势。

一块好的机械表是一件艺术品。除了内部繁杂的工艺，机械表的表带、指针、表冠、玻璃等零件也在不断地被改进。从日内瓦纹到鱼鳞纹再到珍珠纹，从叶形针到菱形针再到蛇形针，从凯门鳄皮到美洲鳄皮再到小牛皮……机械表每一微小的部分，都值得热爱它的人细细品味；产品背后的那些人与事，更值得表迷们品酒畅谈。

由此可见，奢侈品既是具有使用价值的商品，又是极富文化内涵的艺术品，从"物以稀为贵"的角度看，从供需失衡关系上看，奢侈品在某种程度上确实具备了保值及增值的投资属性。但论其本质，奢侈品还是用来消费及品味的。

八

品牌溢价：传奇故事只是营销噱头吗？

在跨越百年的奢侈品牌发展史中，传奇故事增添了奢侈品牌的魅力，这种魅力奠定了高溢价的基础。这些传奇故事到底是确有其事，还是营销噱头？我们选取5个品牌的案例，一探究竟。

（一）博柏利

格子在英国具有特殊地位，被称为“Windows”。博柏利的四色格子图样（Nova Check）是其家族身份和地位的象征——这种由浅驼色、黑色、红色、白色组成的三粗一细的交叉图样，自然散发出成熟理性的韵味，既体现了品牌的历史和品质，也象征了英国的民族和文化。

博柏利最驰名的产品是风雨衣。“如果欧洲的天空被一块巨大的乌云笼罩，下起绵绵细雨，那么，从总统、高级白领到新锐娱乐名人，就有了一个共同特点：都穿博柏利风雨衣。”这是对风雨衣品位最好的诠释。

它的故事，源自1856年。时年21岁的托马斯·博柏利（Thomas Burberry）在英国南部的贝辛斯托克（Basingstoke）开设了他的第一家户外服饰店。优良的品质、对创新面料的运用，以及外套上的精美设计，使得博柏利这个品牌赢得了一批忠实客户，到1870年时，店铺已经初具规模。

1879年，托马斯·博柏利研发出一种组织结实、防水透气的棉质面料嘎巴甸（Gabardine），该棉质面料不仅具有防渗雨功能，实用耐穿，且质地透气轻便，让厚重不堪的传统雨衣服饰焕然一新，很快就被广泛使用。嘎巴甸于1888年获得专利。

1895年，由托马斯·博柏利为英国军官设计的一款名为“Tielocken”的风衣成为如今的风衣的鼻祖。早期的猎装和钓鱼装必须有理想的防风雨效果，能承受相当大的风雨，同时又要有良好的透气性，博柏利的服装满足了这些要求。

托马斯·博柏利并不满足于将产品作为日用服饰。1911年，托马斯·博柏利为旅行家Ronald Amunden带领的5人南极探险小分队提供了整套户外服饰。他们去南极旅行，并在南极拍下了博柏利品牌的斜纹布帐篷照片——这张珍贵的历史性照片让品牌具有了一种特殊的纪念意义，也让人们惊喜地发现，博柏利竟然还可以作为户外服饰！

在第一次世界大战期间（1914—1918 年），英皇将博柏利的风衣指定为英国军队的高级军服。除实用特性之外，博柏利的设计也带来了某种程度的时尚风潮，使得英国军官的战服达到时尚与实用的双重极致：与众不同的肩章、带皮条的袖口、领间的纽扣、极深的口袋及防风雨的口袋盖等。

1924 年，博柏利又创作了另一个品牌标识：四色格子图样。最初的四色格子图样仅出现在风衣的内衬上，随着风衣逐渐成为经典，这种由浅驼色、黑色、红色、白色组成的方格图样，也慢慢成了品牌的核心图案。1967 年，博柏利正式将四色格子图样注册为商标，随后便广泛应用在品牌的其他产品中。

博柏利风衣是历久不衰的经典。第一次世界大战结束后，它更成为众多名人的心头好，包括奥黛丽·赫本（Audrey Hepburn）、奥斯卡经典影片《卡萨布兰卡》男主角亨弗莱·鲍嘉（Humphrey Bogart）及女主角英格丽·褒曼（Ingrid Bergman）。时至今日，翻开英国《牛津辞典》，你会发现博柏利已成为“风衣”的代名词。

不仅如此，博柏利还深受英国皇室喜爱。凭着传统、精谨的设计风格和产品制作工艺，1955 年，博柏利获得了由伊丽莎白女王授予的“皇家御用”（Royal Warrant）徽章。在 1990 年，博柏利又获得了威尔士亲王授予的“皇家御用保证”

徽章。

百年来，经历了诸多风雨，博柏利一直屹立不倒，历经岁月洗礼成为经典的英国奢侈品牌。博柏利之于英国人，并不只是奢侈品那么简单，它更是一个亲切的英国文化符号。

（二）迪奥

同样为国民重塑了着装气质的品牌，还有迪奥。1946 年，品牌创始人迪奥先生被安排与当时的纺织业巨头、法国首富马赛尔·博萨克（Marcel Boussac）会面。在首富的资助下，他在这一年拥有了属于自己的时装屋，并在巴黎著名的高级时装街蒙田大道开设了个人服装店，开展高级时装业务。

1947 年 2 月 12 日，迪奥先生举办了他的第一个高级时装秀。90 套颠覆人们想象的礼服列队展出后，所有的观众都在欢呼。这场迪奥品牌的首秀，唤醒了战后缺失的法式优雅。迪奥精致奢华的服饰，以种种不同的细节，组合出极其纤美的女性特质。幻梦一般的华美服装，唤醒了饱受战火摧残的女性战前的温柔回忆——这种充满新鲜意象的服饰轮廓也让巴黎再度执掌时尚潮流，让法国时装业再次享有国际时装领域的至尊地位。

这场革命性的时装首秀引起了业界的巨大震动。发布会后，迪奥服装插画登上《服饰与美容》（Vogue）杂志封面。美国《时尚芭莎》杂志的天才主编卡梅尔·斯诺（Carmel Snow）

将迪奥的设计风格命名为“New Look”（新风貌）。

由于“New Look”，迪奥获得了时装界的“奥斯卡奖”——美国的雷门·马可斯奖（Neiman Marcus Award，这是该奖第一次被颁发给一位法国人）。从某种意义上来说，美国人接受了迪奥的设计，承认了法国巴黎的时装仍然处于世界时装业领头羊的地位。

“New Look”的轮廓与细节，和第二次世界大战之前流行的垫肩外套、直筒窄裙完全不同，也和在第二次世界大战期间，因为物资缺乏，被设计师应用最少布料的军装风貌女装截然不同，它以绝对的女性美感，给予所有人新奇的视觉刺激。这组服装虽然强调女人味与浪漫风情，却同时具有摩登的时代感与利落线条，引发经历战争之后的人们对太平盛世的联想。

由此，迪奥先生成功地塑造出一种完全属于他的时代特性，并影响了同辈的设计师，最终塑造了20世纪50年代时装业优雅内敛的品位。

（三）蒂芙尼

作为美国设计的象征，蒂芙尼（Tiffany）以钻石和银制品闻名于世，被誉为“珠宝界的皇后”，以爱与美、浪漫与梦想为主题，风靡了近2个世纪；以充满官能的美和柔软纤细的感性气质满足了女性的幻想和欲望。

蒂芙尼的历史得追溯至1837年，这一年查尔斯·路易斯·蒂芙尼（Charles Lewis Tiffany，以下简称“蒂芙尼先生”）和他的合作伙伴约翰·扬（John Young）在纽约百老汇大街上开设了他们的第一家饰品店“Tiffany & Young”。最初它只是一家很小的文具饰品店（开业第一天的总营业额是4.98美元），但蒂芙尼先生的理想不止于此——他酷爱钻石和珠宝，对这些大自然与人类的艺术品十分痴迷，他的理想就是将蒂芙尼打造成世界级的珠宝品牌。

当时，美国作为一个新兴国家（成立于1776年），人民刚刚富足，他们崇尚古老的欧洲文明——在当时，欧洲宫廷的王室珠宝品质优良，乃珠宝界中的精品。日渐富裕的美国人渴望拥有象征上流社会的王室珠宝，以此作为对自己价值的肯定，并表明自己的经济和社会地位；但又渴望在各个领域建立起属于美国人自己的标志，从而得到世界的肯定。

正是对这种社会心态的精准把握，使得蒂芙尼先生广开门路，大范围搜集和学习欧洲贵族的珠宝产品设计，并加入了自己独特的设计理念，从而迈出了他成就伟大梦想的第一步。

1845年，蒂芙尼首次发行了商品目录（Blue Book），这是美国历史上第一本直邮目录（DM）。目录仅收录极少数真正顶级的珠宝杰作，而这些代表了当年珠宝的精致优雅的极限的设计作品，成了珠宝收藏家和鉴赏家梦寐以求的珍品。

1848年，当时的法国国王路易·菲力普（Louis Philippe）被迫退位，蒂芙尼先生从逃亡的皇室贵族手里购得多件珍贵钻石并带回美国，这批钻石成为第一批在美国面世的顶级名钻。

美国精英人士首次得以在国内购买大件珠宝首饰，蒂芙尼的店由此成为选购钻石的知名场所。

1851 年，蒂芙尼成为美国首家制定 925 纯银标准的公司，该标准随后被美国正式通过并采用；1866 年，蒂芙尼推出美国第一款计时码表——“the Tiffany Timer”，并于 2 年后开始制造黄金时尚珠宝，为美国人带来独特的奢华体验。

1878 年，蒂芙尼先生在南非甘巴利矿石场以 18000 美元买下了一颗重达 287.42 克拉的黄钻，这是当时全世界最大、最完美的黄钻。后来，经宝石专家 George Frederick Kunz 监督切割，这枚黄钻彻底释放了它如火焰般浓炽的光芒，最终成品为罕见的 90 刻面钻石，重 128 克拉，被命名为“the Tiffany Diamond”。它完美传达了蒂芙尼一直秉承的原则——“不为重量，只为璀璨”。

1886 年，蒂芙尼推出了颇具传奇性的钻石系列——Setting 系列钻戒。它利用六爪铂金设计将钻石镶在戒环上，最大限度地衬托了钻石，使其光芒得到全方位折射。“六爪镶嵌法”面世后，立刻成为订婚钻戒镶嵌的国际通用手法。

1887 年春，蒂芙尼先生收购了大量法国皇室珠宝（French Crown Jewels），轰动全球。到 19 世纪末，蒂芙尼的实力已经与欧洲名贵珠宝商不相上下。蒂芙尼先生被誉为“钻石之王”，这个美誉流传至今，体现了蒂芙尼无可撼动的钻石权威地位。

1940 年，蒂芙尼旗舰店于纽约第五大道与 57 街交界处开业，随后这一区域成为纽约的高端购物胜地。

不同于欧洲珠宝的繁复与华贵，蒂芙尼珠宝处处象征着美国精神。蒂芙尼先生早年就为品牌定下了一条信念："大自然是我们最伟大的设计师。"蒂芙尼珠宝具有大自然原始的美，加上极简风格的设计，瞬间便唤醒了人们心底最原始、最纯净的爱意与美好。蒂芙尼的客户中有大量各界名流，包括英国维多利亚女王、意大利国王，以及丹麦、比利时、希腊和美国众多声名显赫的百万富翁。

从借鉴欧洲皇室贵族的雍容华贵之美，到确立代表美国精神的自然纯净之美，蒂芙尼成了众多消费者心目中的美式美学典范。

（四）宝珀

像蒂芙尼一样塑造了国民气质的品牌，还有在整个行业深陷"石英危机"时依然坚持机械制表传统、从不生产石英表的瑞士高级制表品牌宝珀。

能在品牌 Logo 中加入"Manufacture de Haute Horlogerie"（简称"MDHH"）身份印记，才算一个真正的高级制表品牌。被划分进高级制表范畴的腕表作品，令无数表迷趋之若鹜。

"高级制表"代表什么？将 MDHH 身份印记写入 Logo，到底有多难？

想要跻身高级制表阵营，需要经过瑞士高级制表基金会邀请的 46 位独立国际专家，涵盖 7 大专业领域、28 项细则的严苛考核，涉及历史、品质、设计、创新甚至售后等全方面。“Manufacture”原意为“手工制造”，在高级制表业，想冠以“Manufacture”之名，意味着在满足所有高级制表标准的同时，还需要具备完全独立自主地完成设计、生产、组装等所有环节的能力。

宝珀被誉为“经典时计的缔造者”，以28项细则全部满分的卓越成绩，获得MDHH身份印记，彰显持之以恒的高级制表精神！

宝珀将高级制表奉为信仰，在其280多年的漫长发展历程中，有5个核心成就令它名留瑞士机械制表史。

第一，280多年来坚持只做机械表。世界上不曾有、也不会有一块叫作“宝珀”的石英表。即便同在顶级阵营中，能做到如宝珀一样只做机械表、从未生产过石英表的品牌也是少之又少的。20世纪70年代末至80年代初，“石英危机”席卷瑞士制表业，走时准确、装配简便、使用方便、售价便宜的日本石英表对瑞士机械表产生了巨大的冲击。瑞士表厂的数量从1970年的1600多家减少至20世纪80年代初期的600多家，出口额比高峰时期下降70%，从业人员由90万下降至30万。瑞士制表业迎来了“至暗时刻”。当时流传一种言论：瑞士机械表即将成为历史，将全面被石英表取代。许多瑞士传统制表品牌纷纷投入石英表的生产中。唯有宝珀，反其道而行之，潜心探寻机械制表的意义，用一枚全历月相腕表重振行业对高级制表的信心，引领了机械制表行业的复兴。

第二，行业中唯一能做到全自产的高级制表品牌。“Manufacture de Haute Horlogerie”中的“Manufacture”并非谁都可以使用，它指能够完全独立完成设计、研发、生产、组装等所有环节的高级制表品牌。宝珀是少有的坚持所有腕表均使用全自产机械机芯的高级制表品牌。在有钟表“硅谷”之称的瑞士汝拉山谷，宝珀坐拥 Le Sentier 机芯工厂与 Le Brassus 大复杂制表工坊两大瑞士国宝级制表中心，拥有完整的高级制表产品线。同时，宝珀还为其他高端品牌提供这一强有力的“引擎”支持，其艺术大师工作室在业界更是一枝独秀，不但掌握了金雕、珐琅、活动人偶等传统高级制表工艺，更独创性地将大马士革镶金、赤铜等独特工艺运用到腕表的艺术表现之中。

第三，从不生产第二等级腕表。顶级不仅是定位，更是标准。被表迷誉为“天地良心珀”的宝珀，无论是大复杂表款，还是入门级作品，无论是在看得见的地方，还是在看不见的地方，都同样追求完美。即便是入门级的钢款腕表，其时标、摆陀也均使用贵金属打造，并手工精细打磨每一处细节；即便在发条盒之下看不见的地方，工匠也会一丝不苟地进行五级（最高级）手工打磨处理。

第四，“创新即传统”的品牌 DNA。仅从 2006 年开始的 10 年间，宝珀便推出了超过 50 枚全新机芯，在高级制表业界无人可及。强大的研发实力与创新精神，令宝珀不断推出惊艳世界的全新作品，如唯一在具备标准时间 / 日期 / 月相显示功能的同时，完整展示了中国独有的时间规则——干支纪年、阴阳合历、十二时辰、生肖五行的 00888 中华年历腕表。它独创的“一分钟同轴卡罗素”，令卡罗素这一与陀飞轮齐名的大复杂装置，在被尘封 1 个多世纪后重回高级制表前沿。宝珀还凭借 00225 乾坤卡罗素腕表成为唯一被故宫博物院典藏的现代腕表品牌。在钟表界的“奥斯卡”——日内瓦高级钟表大赏（GPHG）上，宝珀是一位常胜选手，曾荣获“最佳超薄腕表”“最佳女装腕表”“最佳工艺腕表”等奖项，展现了全面且出众的创新能力。

第五，第一个注册成立的腕表品牌。宝珀于 1735 年诞生于瑞士侏罗山脉，以 Villeret 小镇为传奇起点，标志着制表业从匠人时代进入品牌时代。280 多年的历史，不仅代表着将高级制表的信念与匠人精神注入品牌血液中的决心与坚持，更体现着宝珀超越时代的视野与远见。如今，极富生命力的宝珀是瑞士最具传奇色彩的高级制表品牌之一。

（五）奔驰

以机械魅力成为一个国家产业象征的，还有德国的奔驰（Mercedes-Benz）S 级轿车。

在豪华车市场中，奔驰 S 级轿车无可争议地占据了霸主地位，很难有哪款车能够取代它在人们心目中的地位。奔驰 S 级轿车以优雅的外形、豪华的内饰、极舒适的乘坐感、极高的安全性还有悠久的历史积淀，赢得了人们的认可。每一代奔驰 S 级轿车，都体现了奔驰乃至汽车行业最先进的技术和最完美的造车理念。

它的诞生背景大致如下：第二次世界大战结束（1945 年）之后的德国，国民经济遭到严重摧毁，其引以为傲的制造工业更是备受打击。1886 年 1 月 29 日，卡尔·弗里特立奇·本茨（Karl Friedrich Benz）发明了世界上第一辆三轮汽车，而汽车制造又被誉为“现代工业皇冠上的明珠”，在德国工业急需一个代表作之时，奔驰挺身而出——其作品既能彰显德国工业的制造水准，也是恢复德国制造的信心之作。

1951 年，在第一届法兰克福车展上，奔驰发布了代号为 W186/W189 的 300 轿车和代号为 W187 的 220 轿车，拉开了奔驰 S 级轿车的辉煌序幕。S 源于德语的“Sonderklasse”（特级车），也包含英文“Special Class”的意思。奔驰 S 级轿车从诞生之初就注定不平凡，它引领着汽车业界豪华车市场的发展，已经成为一种标准、一个定义，业界看似难以突破的辉煌纪录，被奔驰 S 级轿车不断更新。它的存在，为下一个时代的豪华轿车的发展指明了方向。

奔驰 S 级轿车历经无数次设计和技术上的创新，从最初要看英国、美国等豪华车脸色度日，到逐渐崭露头角，发展成为全球豪华轿车的“领袖”，它的成功与其为汽车设计和汽车安全领域所做出的卓越贡献密不可分。同时，几乎每一代奔驰 S 级轿车都代表了一个时代无法抹去的记忆，以及那个时代人们对身份、权力和地位的向往。

综上所述，当奢侈品牌的发展能成为国家历史、民族记忆、国民气质的一部分，这份荣耀就能获得世人的尊重；而这份尊重，融入奢侈品牌的发展基因中，继而成为奢侈品牌高品质及高溢价的基础。

九

文化交流：如何运用中华文化阐述品牌精髓?

现代奢侈品的发源地集中在法国、意大利、英国、瑞士、美国等欧美国家，但它们的销售范围却是全世界。那么，它们究竟是怎么进行跨国度、跨文化交流的呢？我选取了4个案例与大家分享。

（一）爱马仕

将Hermès翻译成中文“爱马仕”，不但保留了英语发音中的谐音，而且中文意思也符合品牌精神，这一极其难得的传神译名，成为爱马仕这一百年不坠的顶级品牌与东方文化接触并不断碰撞出火花的开始。

1997年1月，爱马仕在位于北京皇城中心的金鱼胡同王府（半岛）酒店内开设了它在中国内地的第一家专卖店。那是中国推行市场经济改革的第5个年头，几乎每一个来到专卖店的中国人，都会被店内那些具有超凡魅力和昂贵价格的商品震惊：一件款式再简单不过的白色男装衬衣，标价2万多元人民币，原来材质是羔羊皮……

2007年，为庆祝进入中国市场10周年，爱马仕在上海美术馆举办了“锦绣梦想”丝巾展。作为其进入中国10周年庆典的重要活动之一，这场规模宏大的东西方丝绸文化交流盛会充分体现出爱马仕一直以来将产品与文化元素相结合的理念。

爱马仕与中国及其文化传统展开挚诚对话，通过不同性质的展览呈现它的信念——在中国香港举行的“爱马仕丝巾展览”（1988年）及“一方丝巾的诞生”（1994年），见证爱马仕制丝工艺与丝绸之乡中国的密切关系；“皮革的魅力”（1995年）及“绕指柔情手套展”（1996年），表达了对工艺美的推崇及对艺术作品的仰慕。

其中，爱马仕与中国文化相融的最佳例子，莫过于一场关于马的展览。

在“马匹及骑者”展览于中国香港嘉轩广场举行的4年后，汇集了100多件与马有关的文物画作、展示马在中国文明史上担当重要角色的“千里马展览”，于1997年在中国香港大学举行，并于1998年移至北京故宫永寿宫举行。这些文物主要来自北京故宫博物院及首都博物馆、内蒙古博物馆、甘肃武威市博物馆，还有一些是徐展堂博士的私人藏品，以及由爱马什博物馆提供的数件展品。这个展览既体现了中国的传统文化，又表明了爱马仕这个品牌和“马”之间悠久的渊源。

（二）卡地亚

同样在故宫表达自身品牌文化与中国传统文化之渊源的，还有法国珠宝品牌卡地亚。2009 年 9—11 月，素有“皇帝的珠宝商，珠宝商的皇帝”之美誉的卡地亚带着旷世艺术典藏系列珠宝，盛大登陆故宫博物院。

在这场中国当年最大的奢侈品展览活动（也是卡地亚艺术典藏系列展览中展品数量最多、规模最大的一次）中，凝聚东西方文化精髓的一款款古董珍品带观展者领略超过 1 个世纪的美学时尚的更迭变化，给予观展者绝美的视觉文化享受。这也是故宫首次迎来欧美顶级珠宝品牌入驻展览。

凭借对艺术的无限热情和创新精神，自 1847 年创立至今，卡地亚始终保持着迷人的魅力。在对艺术的不断求索中，卡地亚延续了其创始者的开拓精神，用灵魂去体悟时代，用作品去诠释变迁，造就了令人惊叹的艺术杰作。

本次展出的 346 件展品都是从品牌创立伊始直至 20 世纪 70 年代的代表作，从卡地亚艺术典藏系列数千件珍品中精选而来。这些精美绝伦的展品中，不乏从古老东方世界撷取灵感的历史佳作，反映了中国文化对欧美装饰艺术深远的浸润与影响，令观展者仿佛置身于梦幻国度，感受到东方传统神韵与西方装饰艺术的完美融合。

从曾与温莎公爵夫人形影相随的猎豹胸针，到专为文坛巨匠让·考克多定制的法兰西学院院士剑；从充满奇异色彩的“神秘钟”，到展现千年古老神话的麒麟手镯。这些古董珍品融会东西方历史精髓，承载深厚的艺术底蕴，是世界珠宝历史和东西方社会风潮的鲜活记忆与生动再现。

作为极有远见的艺术先驱，卡地亚自创始至今，一直密切关注社会风尚与文化思潮的更迭演化，并以其精巧灵思和创新工艺，在珠宝史上引领了一股股不可复制的艺术潮流。其传世之作生动再现了时代艺术风格的非凡变迁，俨然一部世界珠宝百年风尚的光辉史册，更体现着东方文化对其产品设计所产生的深刻影响，让观展者领略卡地亚对世界文化的兼容并蓄、对艺术潮流的引领，以及在珠宝艺术领域无可撼动的先锋地位。

（三）江诗丹顿

瑞士奢华腕表品牌江诗丹顿（Vacheron Constantin，简称“VC”）对中国传统文化的解读，更是令人拍案叫绝。

2000 年，江诗丹顿在北京王府井大街新东安市场开设了它在中国的第一家专卖店。这个世界上（现存）最古老的钟表制造商创造了一个独特的钟表世界；而它的到来，也让中国消费者见识了一个全新的钟表世界。

历史悠久的江诗丹顿，有着跨越近3个世纪的制表经验，本着“最小批量，最优质量，最高卖价”的经营战略，如今，江诗丹顿在瑞士日内瓦（Geneva）的工厂年产量不超过20000只。自1840年起，每只手表的生产图纸、销售日期及机芯表壳编号等资料，都完整无缺地保留在公司的档案柜中。

超群的技术、严格的测试、精湛的工艺与完美的造型结合在一起，江诗丹顿创造出一个又一个令人赞叹不已、极富收藏价值的经典之作，在漫长的制表岁月中，始终是名贵典雅的象征。

2004年9月，江诗丹顿参加了由母公司历峰集团（Richemont）在北京故宫太庙内举办的“钟表奇迹”展览会。那里曾经是大清王朝祭祀祖宗的圣殿，故历峰集团特别邀请爱新觉罗·溥任（中国末代皇帝溥仪的弟弟）题写了“钟表奇迹”四个字。江诗丹顿前行政总裁Claude-Daniel Proellochs将一只刻有日内瓦印记的“Patrimony”超薄机械腕表赠送给了爱新觉罗·溥任。

2年之后，即2006年，江诗丹顿在北京中华世纪坛举办了古董钟表展示会，这是该品牌在全球首次举办规模如此大的古董钟表展示活动，陈列在中心位置的是15枚以中国元素为灵感设计，或者专为曾经的中国皇族特别定制的钟表。

尽管跟中国文化有着深厚渊源，但售价10万元人民币起步的昂贵腕表，在城镇居民年人均可支配收入仅为6280元人民币的2000年，是如何发展起来的？

事实上，江诗丹顿进入中国市场后，对中国文化和价值观进行了深入研究。它看到了中国文化中推崇物质极致之美的审美情趣，也看到了不利于品牌发展的思想观念——比如勤俭节约的传统美德。由于历史原因，中国人对奢侈品总有很多负面看法，勤俭节约的观念根深蒂固，奢靡之风绝不可取。

于是，江诗丹顿制定了“低调的华丽”策略。江诗丹顿的产品目录册上印着“光而不耀”，出自老子《道德经》第五十八章。江诗丹顿的解释十分精彩：“我们之所以会选用‘光而不耀’，正是由于江诗丹顿的企业文化、制表理念与中国古代思想家老子这句话的含义非常接近。江诗丹顿的创始人 Jean-Marc Vacheron 不但是优秀的制表师，更是杰出的思想家、哲学家。江诗丹顿的产品虽然是顶级的，但江诗丹顿却是一个谦逊的、低调的品牌，我们希望通过自己的作品体现出一种文化的内涵以及精湛的制表精神，而并非作炫耀之用。”于是，江诗丹顿在奢华和低调中找到了平衡点，深得中国消费者之心。

同时，江诗丹顿在设计上也融入了中国文化。比如，它以郑和下西洋 600 周年为创作灵感，糅合了最精湛和最富创意的高级制表技术，缔造了 Patrimony 探险家系列的“郑和”款，珐琅釉彩表盘上的郑和 7 次下西洋航行路线图气势恢宏，重现了郑和走向世界、不畏艰险、勇于探索的开拓精神，纪念了中国人在世界航海历史上的伟大贡献。[1]

江诗丹顿对中国历史表现出的尊重赢得了国人的好感，而这份好感，也不断地为江诗丹顿刷新销售业绩。

（四）宝珀

除江诗丹顿之外，也有很多瑞士高级制表品牌运用过中国元素，致敬过中国文化。但如果要评选出一个最懂中国的瑞士机械腕表品牌，那非宝珀莫属。仅仅是那份契合中国文化的设计理念，就足以让其他钟表品牌自愧不如。

宝珀与中国有着深厚渊源——作为世界上第一个注册登记的腕表品牌，它诞生的1735年，恰好是乾隆皇帝登基之年；2008年10月20日，故宫博物院钟表馆揭开了世界腕表史上具有里程碑意义的一幕：一枚来自宝珀的特制腕表成为故宫博物院建院以来首枚，也是截至目前唯一典藏的当代腕表。宝珀根据中华文化与故宫文化的特点，耗时1年，定制了这枚意义非凡的腕表，并将其命名为“乾坤卡罗素”。卡罗素（Carrousel）又译为“旋转木马”，它是一种精密的机芯结构，能够大大减小普通机械表因为地心引力等因素而产生的误差。这是宝珀给钟表界带来的重大创新之一，也正是这样的完美工

---

① 万表网.江诗丹顿进入中国市场 传承经久不衰的贵族风范[EB/OL].[2020-12-18].https://www.wbiao.cn/vacheron-constantin-watches/knowledge/article-20169.html.

艺，使宝珀获得故宫博物院的“独宠”。

宝珀全球副总裁兼销售总监 Marc Junod 先生说：“宝珀与中国有着深厚渊源，对于中国传世经典的研究向来充满激情，并多次以中国文化为灵感进行创作。”

从当下手表市场来看，市面上常见的中国主题类手表大多是换个表盘颜色（常见的中国红），或是增加汉字刻度，以及每年新春时推出中国限量版——将当年生肖的图像印在表盘上，最不走心的甚至只是改一下外包装的纸盒（印上汉字）。而到了宝珀这里，居然针对中国传统历法单独研发出一款“全世界第一且唯一”的中华年历表款。

中华年历是宝珀独家研发的一项复杂功能，深深植根于中国传统文化，打破格里高利历法（即通常所说的公历，它是一种源自西方的历法）独霸腕表界的局面，为豪华腕表带来了根本性的玩法变革——它解锁了“中国独有的时间规则”。中华年历腕表首次让中西两套不同的时间规则同“芯”运转。表盘上可见时针、分针及标准公历的精致时计布局，同时也呈现了中国传统历法中的重要计时元素，包括十二时辰（二十四小时）、农历日期、农历月份（结合闰月显示）、十二生肖年，甚至包括五行元素和十个天干。十二生肖对应十二地支，与十个天干依次相配，组成六十个基本单位或六十干支，俗称“六十甲子”，构成中国传统文化的核心内容。同时，作为宝珀日历腕表中的一项重要计时元素，月相盈亏功能更与中国传统历法息息相关。中华年历腕表为全球东方文化爱好者提供了一种观看中国时间的纯正方式。

在此款腕表诞生之前，机械腕表的计时均以太阳日为基本单位的标准日历为准，宝珀将双轨制历法的农历与单轨制立法的公历结合在一起，克服了中国历法的特点给制表技艺造成的诸多困难，开创性地将中华传统计时法则清晰准确地呈现于方寸表盘之上。这也是它具有里程碑意义的一次功能创新与颠覆。

对于宝珀来说，对中华年历的探索是从零开始一步步来的。2012 年，宝珀首次发行中华年历表款，至今 10 多年过去了，还没有其他瑞士高级制表品牌推出过类似的产品。毫不夸张地说，这表的复杂程度超过了常规的三问、万年历和陀飞轮等复杂工艺表。除此之外，中华年历表款亦完美演绎了宝珀坚持的“创新即传统”之品牌 DNA。

高级定制是衡量一个腕表品牌工艺能力与艺术追求的指标。长久以来，宝珀旗下的 Metier d’Art 艺术大师工作室每年都会推出兼具珍稀工艺与绝妙灵感的高级定制腕表作品，领衔当代表坛。始终坚持传承优秀的古老工艺并发扬光大，使宝珀成为当代颇具创新能力的高级腕表品牌之典范。在工作室内，瑞士国宝级大师焕活一系列失传百年、鲜见于制表行业的古老手工艺，并将其融入现代腕表作品，包括宝珀独有的大马士革镶金、赤铜，以及代表业界顶尖水准的金雕、珐琅、活动人偶等超凡工艺。更值一提的是，宝珀不断挑战边界，将多种超凡工艺集中呈现在一枚腕表上，加强其艺术表现的丰富性，提高腕表的收藏价值。

2018 年，继中华年历表款之后，宝珀另一东方文化作品“四大美人”高级定制系列腕表隆重问世，并在它的灵感国度——中国，进行全球首发。宝珀集超凡工艺之大成，将“贵妃醉酒”“貂蝉望月”“昭君出塞”以及“西施浣纱”的美姿美态与动人故事，刻画在四枚独一无二的孤品腕表上。精湛的瑞士顶级制表工艺再次邂逅极具浪漫色彩的东方传奇，方寸表盘，美人如画，是故事，亦是情缘。

贵妃对花独饮，醉中带美，千娇百媚。月西星淡，明皇却久等不来。宝珀的艺术大师们以静显动，精妙地抓取了身着华服的贵妃，对着几簇牡丹，手持酒樽随意而饮的媚态。微绘珐琅工艺将不胜酒力的美人刻画得惟妙惟肖，柔和的色彩也为这份顾盼思恋平添一份柔情与浪漫……

精心呈现的“四大美人”高级定制系列腕表，独此一套，是宝珀艺术大师们对中国传奇的再次挑战，方寸表盘上栩栩如生的美人，再度印证品牌对中国的深厚情谊，以写意美学表达对中国文化的无穷敬意，成为制表史上的又一里程碑式杰作。

四大美人，流芳百世，宝珀以此成就永恒经典。

资本扩张：如何谨慎扩张方可穿越百年？

在现代奢侈品行业，推动不同品牌合作乃至兼并的最大动力之一，就是资本。

最为人所熟知，也是最经典的资本故事，便是全球第一大奢侈品集团 LVMH（法国酩悦·轩尼诗—路易·威登集团）的老板伯纳德·阿诺特（Bernard Arnault，以下简称“阿诺特”）的发家史。

2019 年 6 月初，据彭博社报道：“欧洲首富、法国奢侈品集团 LVMH 的老板阿诺特加入了杰夫·贝佐斯（Jeff Bezos，亚马逊创始人）和比尔·盖茨（Bill Gates，微软创始人）的行列，成为全球仅有的 3 位身价超过千亿美元的富豪之一。此时，阿诺特的身价为 1004 亿美元。”而就在半年之后，阿诺特便以 1100 亿美元身价首次位居全球富豪榜首位。

作为当时全球仅有的 3 位千亿美元级富豪之一，阿诺特的主要财富来源于为数量相对稀少的富人提供产品及服务——LVMH 集团旗下拥有路易威登、迪奥、宝格丽、芬迪、思琳、纪梵希、尚美巴黎、宇舶、真力时（Zenith）、娇兰（Guerlain）、丝芙兰（Sephora）、酩悦香槟（Moet & Chandon）、轩尼诗（Hennessy）等近 80 个品牌，成为业内唯一涵盖奢侈品市场五大主要领域——葡萄酒和烈酒、时装和皮具、香水和化妆品、腕表和珠宝及高端精品零售的集团。

近 20 年的全球首富席位，基本由以下 4 位大企业家包揽：微软创始人比尔·盖茨，墨西哥的电信大亨卡洛斯·斯利姆·埃卢（Carlos Slim Helu），西班牙服装业巨擘阿曼西奥·奥特加（Amancio Ortega），亚马逊创始人杰夫·贝佐斯。他们的主要财富来源，皆是为全球广泛的消费者提供有关国计民生的产品与服务，这与阿诺特形成了鲜明对比。

谁说小众市场没有春天？“其实爱对了人，情人节每天都过。”阿诺特的发家史，就是一部资本扩张史。

他于 1949 年 3 月 5 日出生于法国鲁贝市（Roubaix）的一个工业家庭。读完中学后，他进入巴黎综合理工学院学习，1971 年毕业。同年，他开始了自己的职业生涯，成为 Ferret-Savinel 建筑公司的工程师，随后进入高级管理层，1978 年成为公司主席。

1984年，35岁的阿诺特决定离开房地产行业，投身时装界。在其家族的资金支持下，他击败众多对手，收购了长期处于亏损状态的纺织品公司博萨克（Boussac）。不过，醉翁之意不在酒，阿诺特看中的其实并不是博萨克，而是该集团旗下的迪奥公司。

当时的迪奥公司已经没落了，阿诺特却凭借卓越的经营智慧，在2年内让迪奥起死回生，使这个老品牌不仅保有自身的传统，还添加了国际化色彩。

几乎就在阿诺特收购博萨克的同时，作为路易威登家族的第四代传承人，路易威登总裁亨利·拉卡米耶（Henry Racamier，以下简称“亨利”）发现仅仅依靠高端路线无法实现利润的再扩大，于是决定和当时卖香槟的酩悦·轩尼诗（Moet Hennessy）公司合并（简称“LVMH”）。

合并后，双方合作并不顺利，需要一个中间人来协调冲突，于是亨利找到了阿诺特，拉他入局。而出乎亨利意料的是，此时的阿诺特正在酝酿一个伟大的合并计划——“如果能成立一家经营高端奢侈品的大集团，凭借各个品牌之间的协同效应，就能一强俱强。”

有一个行业背景需要交代：自18世纪至20世纪早期，家庭式的小作坊主导着整个奢侈品市场，彼时的奢侈品消费群体也主要集中于贵族人士。但以小众、高端和限量为主的路线对奢侈品公司而言经营成本非常高，加上销售人群不够多，产品的分析、改进等很难有大的进步，这对企业未来的创新发展无疑是一种障碍。第二次世界大战结束之后，随着奢侈品需求量的增加，一些企业主动开始“去家族化”并收购其他品牌，以形成品牌协同效应和集团优势来应对竞争的加剧。精明的阿诺特看到了这一时代趋势。

1987 年，野心勃勃的阿诺特将目光投向了 LVMH。当年 10 月，法国股市突然崩盘，LVMH 股票跳水式下降，阿诺特用皮包公司以低价买进了 LVMH 43% 的股票，成了 LVMH 的第一大股东，得到了 LVMH 的绝对控制权。

彼时，LVMH 正陷入股权争斗——酩悦·轩尼诗总裁 Alain Chevalier 与亨利矛盾重重，工于心计的阿诺特利用管理层之间的权力斗争，经过一场复杂而艰辛的官司，最终如愿以偿地将 LVMH 纳入自己的麾下，并在 2 年后把亨利挤出董事会。至此，坐拥迪奥和路易威登两大品牌，阿诺特的奢侈品帝国已初具规模。

而他接下来所做的就是不断地扩大版图，从欧洲到北美，再到亚洲、非洲……他的目标就是构建一个庞大的奢侈品帝国，全方位地赚富人的钱，产品包括时装、手表、葡萄酒等。

阿诺特热衷且精于收购之道。“只要见到一个美丽的品牌，他就想将其收入囊中。”其收购手段被归纳为“简单直接”的三步法。

第一步，购买的时机集中于经济萧条时期。

第二步，收购后“收放自如”，适时适度卖出，通过“贱买贵卖”重新整合，使其旗下的子品牌始终保持高收益率。

第三步，换人。阿诺特在为品牌挑选设计师时有独特的眼光，比如在路易威登成为“老气街包”的代名词之后，他果断任命新锐设计师马克·雅可布（Marc Jacobs）担任公司的创意总监，设计出了随性涂写路易威登全名的涂鸦包，将路易威登的典雅高贵气质融入现代生活。

在经营、竞争和管理上，阿诺特以冷静、机警、严苛和难对付著称，正如别人封给他的外号——“狼”，没有什么东西能阻止他对富人的财富的不断攫取。对讲究绅士风度的老派欧洲人来说，阿诺特的手段太过残忍；但他自己认为，他只是在为公司的长远利益做打算，在商言商，如此而已。LVMH 集团旗下的路易威登、迪奥及其他多个奢侈品牌都不是由他创造的，不过，他比任何人都知道这些品牌在全球范围的潜在价值，并且擅长将它们的价值最大化，以实现可持续发展。

在收购及整合品牌的过程中，阿诺特充分展示了他的精明。而最为时尚界称道的一点，就是他敢于在历史悠久、地位尊贵的巴黎老牌中起用那些名不见经传的年轻设计师——这在今天已成为一种被证明可靠的用人模式，但在 20 多年前是不可想象的。

除了任命新锐设计师马克·雅可布担任路易威登创意总监，成功地“将现代趣味与路易威登历史传统完美融合在一起”，阿诺特还钦点意大利设计师詹弗朗哥·费雷（Gianfranco Ferre）复兴迪奥，在一片质疑声中，建筑学出身的詹弗朗哥·费雷以华美面料塑造质感，以简洁线条强调力度，为迪奥设计的第一个系列“Ascot Cecil Beaton”便获得空前赞誉；阿诺特将纪梵希交给设计鬼才约翰·加利亚诺（John Galliano），这位“英国时装界的野孩子”用煽情派的创作风格赋予纪梵希全新风貌；阿诺特将Dior Homme交由艾迪·斯理曼（Hedi Slimane）打理，后者以“当代阳刚概念”的风格席卷全球，甚至第一次把男装抬高到了可比肩女装的地位；阿诺特让菲比·费罗（Phoebe Philo）掌控大权，将思琳打造成女性时尚的标杆品牌……

阿诺特曾表示：“奢侈品牌的树立要比其他生意困难得多，它需要创造一种根本不存在的消费需求，塑造时尚奢侈品牌必须遵循一个公式：通过挖掘品牌历史并用适当的设计师来诠释它，从而定义品牌身份；严格控制品牌质量和销售；巧妙造势、吸引眼球。”

阿诺特收购品牌的热情高涨，从唐娜·卡兰（Donna Karan）、璞琪（Emilio Pucci）到罗意威（Loewe），其买入的品牌领域跨度非常大，从腕表品牌泰格豪雅（TAG Heuer）到百货公司邦马士（Bon Marche），从来自极品白葡萄酒唯一产地的Chateau DY quem酒庄到拍卖行，除了古驰与爱马仕，他几乎没有失手过。

除了LVMH这艘奢侈品业界的“航空母舰”，阿诺特的财务投资规模大到令人窒息，且种种业务盘根错节。

2008年，家乐福（Carrefour）——创始于1959年的大卖场业态首创者，欧洲第一大零售商——创始家族哈雷集团退出监事会后，阿诺特成为家乐福集团第一大股东。他出资的私募资金 L Capital Asia 秉持其一贯作风——买买买，有时投资标的和奢侈、时尚风马牛不相及，例如它曾于 2014 年 9 月以 8000 万美元投资韩国 YG 娱乐公司；2015 年初宣布收购阿联酋迪拜食品零售商 Bateel 少量股权；斥资 1 亿美元收购中餐连锁集团翡翠餐饮（Crystal Jade）逾 90% 的股权。

不过，这些财务投资与阿诺特的另一个嗜好相比只能算小打小闹——他身处全球最活跃的当代艺术收藏家行列，是全球各大艺术品拍卖会的常客。1999 年，LVMH 曾以 7000 万英镑的高价收购全球第三大拍卖公司英国菲利普斯（Phillips），此后又将法国最大的拍卖行塔桑（L'Etude Tajan）收入囊中。

眼见竞争对手开云（Kering）的实控人弗朗索瓦-亨利·皮诺（Francois-Henri Pinault）将 18 世纪的威尼斯宫殿葛拉西宫（Palazzo Grassi）改造为当代艺术博物馆，阿诺特于 2014 年也在巴黎落成了一座类似玻璃云的建筑，并将它命名为“路易威登基金会”，用来摆放自己的艺术收藏品，定期举办艺术展览。

据官方透露，“路易威登基金会是一个以艺术和艺术家为中心的企业基金和私人文化项目，代表着艺术赞助的全新阶段。基金会的宗旨是鼓励和推动法国及世界的当代艺术创作，其藏品和项目将延续 20 世纪和 21 世纪艺术和创意运动的传统”。不过，不少业内人士则认为阿诺特试图通过路易威登基金会改变大众对他个人以及 LVMH “野心勃勃”的印象。

与阿诺特通过资本迅速构建庞大而复杂的奢侈品集团相比，另一个位于奢侈品行业顶端的品牌——百达翡丽，走的则是完全相反的一条路。

2005年9月16日，百达翡丽专卖店落户上海外滩18号——这是它继原产地日内瓦、“国际时尚之都”巴黎之后的全球第三家门店（后迁至现址“源邸”）。“手表中的蓝血贵族”，稳居“世界十大名表之首”的百达翡丽，以实际行动预告了中国奢侈品市场的光明未来。

这个钟表品牌是瑞士日内瓦的家族独立经营的，从始至终都是自己生产，而训练1名合格的制表师则需要10年时间。百达翡丽在设计、生产直至装配的整体过程中享受着全面的创新自由，打造出令世人交口称赞的钟表杰作，并谨遵品牌创始人安东尼·诺克·百达（Antoine Norbert de Patek）和让·亚德利·翡丽（Jean Adrien Philippe）的卓越远见，秉承超凡的专业技能和优质的创新传统。

高贵的艺术境界与昂贵的制作材料使百达翡丽拥有经久不衰的品牌效应，而拥有它则是钟表爱好者及贵族的象征——正如它的广告语所说的：“You never actually own a Patek Philippe，You merely look after it for the next generation.”（没人能拥有百达翡丽，只不过是在为下一代保管而已。）

百达翡丽一直信奉精品哲学，遵守“重质不重量、细工慢活”的生产原则。主旨只有一个，即“追求完美”。

一款表从设计到出厂至少需要5年的时间：4年的研究设

计、9个月的生产、3个月的装嵌及品质监控。如果要量身定做，则研发所需的时间更长。史上最贵的1100万美元的天价表，便是1933年百达翡丽为一位美国银行家特制的，可显示24种不同信息：月份、日期、日落和日出时间等，甚至包括纽约市任何一个晚上的星辰与月亮盈亏图。这枚表历经3年设计，花费5年制成，长达8年的时间，只为一只表。这是何等的精品意识！

瑞士的钟表王国星光灿烂，百达翡丽则是最亮的那一颗。然而论悠久，它逊于宝珀（创立于1735年）、江诗丹顿（创立于1755年）；论销量，它不及时尚的宠儿天美时（Timex）与精工（Seiko）；论高调，它更是亚于劳力士（Rolex）。那么，它是如何独步钟表世界，屹立于王者之位的？

百达翡丽的中文官网上，罗列了品牌的十大价值。

第一，独立自主。百达翡丽是日内瓦历史最为悠久的独立家族制表企业。独立的地位确保公司能够掌控自身命运，同时追求长远的战略目标。完全自由的创意空间令百达翡丽获益良多。所有时计和机芯均按照百达翡丽印记规定的专属品质标准自主研发并生产。保持独立自主的决心是百达翡丽的核心理念：确保产品秉承传统、性能可靠、值得信赖。

第二，尊崇传统。百达翡丽的历史早已融入日内瓦悠久而辉煌的制表传统之中，密不可分。这是一段充满独特传承的品牌传奇，源自数代人积累的丰富制表经验和精湛技艺，确保制表工艺薪火相传、发扬光大。创新的传统意味着历久弥新。日复一日，百达翡丽的制表师和工匠秉承卓越的制表工艺，坚守传统的制表理念，用锐利眼光和敏锐触觉展现精益求精的制表艺术，同时密切关注最新的技术动态，确保与时俱进。

第三，革新创造。在秉承传统的同时，百达翡丽凭借其在创新研发领域的杰出成就，不断推动制表技术突破极限，迈向新的高峰。百达翡丽至今已获 100 余项专利，其中对钟表行业发展产生过重大影响的专利就多达 20 项，确立了其制表工坊在制表界的先锋地位。正是在这样的背景下，百达翡丽印记成为一个动态的质量标准，涵盖了着眼未来的长远技术，致力于提升时计的实用功能、可靠品质以及精确走时。

第四，品质工艺。创立公司的安东尼·诺克·百达先生和让·亚德利·翡丽先生怀揣着同一个目标，即研发并打造全世界最精美的时计作品。时至今日，质量与工艺依然是百达翡丽严格奉行的生产准则。无论机芯还是外部元件，乃至技术理念、各项功能的运行情况，以及时计的走时精度等，均适用这一标准。泰瑞·斯登和菲力·斯登坚定地守护着百达翡丽印记的所有承诺，无愧于整个制表业界最高的品质标准。

第五，珍贵稀有。百达翡丽的时计作品无一不是珍贵的稀世杰作。百达翡丽常规生产的腕表超过 200 款，由制表工坊按照小批量方式生产，数量通常在十几枚到数百枚之间，均搭载百达翡丽自主研发制造的机芯。机芯与表壳的卓越品质得到钟表爱好者的高度赞赏。百达翡丽在制作过程的各个环节采用了极为严格的品质标准，花费数月时间确保腕表完美无瑕，正是这一切令每枚百达翡丽腕表成为钟表鉴赏家眼中珍贵稀有的工艺杰作。

第六，恒久价值。每一枚百达翡丽时计都凝聚着传承多个世纪的宝贵经验和无数小时的辛勤付出。因此，这笔宝贵的财富在多年之后不仅丝毫不会减值，甚至可能会有所增值。百达翡丽的许多表款早已成为时计的典范，在拍卖会上不断刷新着成交价格纪录。在注重情感价值的收藏家眼中，它们是一种稳妥的投资产品；大多数表主则将其视为价值连城、不可替代的传家之宝。

第七，工艺美学。百达翡丽时计的美学魅力不仅在于赏心悦目的外观，它还展现了一种完美的机械构造。这些设计能够在滚滚而逝的时尚洪流中岿然不动，始终散发着独特魅力。百达翡丽树立了低调内敛、永恒优雅的独特风格，完美融合了个性与稳重、优雅与独特。这种风格缔造出众多名副其实的经典时计。它诠释了腕表的创造、诞生和不断演变，始终保留着令人难以抗拒的魅力，无论是在过去、现在，还是未来。

第八，优质服务。为确保提供的服务能够最大程度地满足表主的预期，百达翡丽的经销网络经过精心的甄别筛选。百达翡丽认为品牌有责任提供最高水准的售后服务，因而将其作为百达翡丽印记的重要标准之一。对表主而言，这意味着时计将获得终生的呵护与关怀，确保其性能卓越可靠，足以代代相传。

第九，情感传递。如果一位百达翡丽表主谈论起自己的腕表，你将会听到一段充满真挚情感和关爱的动人故事。毕竟，百达翡丽时计的意义已经超越其单纯的计时功能，它成为一件浸透着珍贵记忆的私人物品。百达翡丽往往在人生中的某一重要时刻走进人们的生活——事业取得成功、成就美满婚姻，抑或是新生命诞生之时，送上一枚百达翡丽腕表无疑是表达爱与关怀的最佳方式之一。

第十，传承优质。拥有一枚百达翡丽腕表即守护一种融合了艺术与科学的光辉传统，必将继续为经典杰作的诞生点燃灵感之火。它会带人们了解一个家族企业的世界，其每一代家族成员遵循子承父业的传统，以毕生精力守护其独一无二的底蕴传承。拥有一枚百达翡丽腕表意味着为整个家族带来一件价值非凡、世代传承的珍宝。通过在过去与未来之间架起一座桥梁，表主开创了真正意义上属于自己的传统。

百达翡丽的品牌故事，得溯源至 1839 年 5 月 1 日，两名波兰移民，商人安东尼·诺克·百达（以下简称“百达先生”）和钟表匠弗朗西斯·查皮克（Franciszek Czapek，以下简称“查皮克先生”），在瑞士日内瓦共同成立了“Patek，Czapek & Cie”公司。

百达先生主管经营，查皮克先生负责生产。最初的客户大部分都是他们的波兰老乡，但随着当地表厂数量增多，竞争日益激烈，艰难的创业处境让查皮克先生萌生了退意。

1844 年，百达先生携带产品参加巴黎钟表博览会，与钟表师让·亚德利·翡丽（以下简称“翡丽先生”）相识。翡丽先生发明的无钥匙上链技术，获得该届博览会的金奖。仔细研究他的发明后，百达先生嗅到了商机。二人同具敏锐的商业意识，当即便萌发了合作的念头。

1 年后，查皮克先生让出股份，自立门户，公司名称变为“Patek & Cie”；而百达先生与翡丽先生开始联手。1851 年，公司正式改名为百达翡丽公司（简称“PP”）。翡丽先生极具创新意识，工艺精湛，堪称制表大师。他信奉“制造精密机械”的理念，由他制造的袋表品质远远超越其他品牌。

同年，好运不期而至。维多利亚女王莅临首届伦敦钟表博览会，被一款百达翡丽怀表吸引——这款表采用无钥匙上链设计，直径不过 30 毫米，精致而新奇。女王当场解囊买下，在她的带动下，阿尔伯特王子也买了一款。消息不胫而走，百达翡丽成为众人瞩目的焦点。

很快，他们的公司便声名远播。百达先生精明，市场开拓能力强；翡丽先生技术卓越。两人强强联手，创造了瑞士钟表业的一段传奇。

但好景不长。1929 年，全球陷入迄今为止人类社会遭遇的规模最大、历时最长、影响最深刻的经济危机，瑞士的制表行业也遭受严重冲击，即使拥有先进的技术，也并未使百达翡丽幸免于难，公司遇到前所未有的财务压力。

公司董事主动联系了表盘供应商查尔斯·斯登（Charles Stern）和约翰·斯登（Jean Stern）兄弟俩。财力雄厚的斯登兄弟不仅帮助百达翡丽渡过了难关，还在 1932 年购入公司的部分股份，继而在1年内购入整个公司。[①]

斯登兄弟从事的是钟表业的相关产业——搪瓷制作，是靠“金属底胎陶瓷表盘”发的家，凭借其出色的做工，他们能提供近1000款不同样式的表盘，供给80多个品牌制表商，其中就包括百达翡丽。

尽管自家产业也在经济危机中受到了影响，但斯登兄弟成功地抓住了市场需求从怀表朝腕表转变的历史机遇，而且其表盘工厂的产能与客户都较多，具有极大的抗冲击性，因此，他们向百达翡丽伸出了援手。

但即便如此，斯登兄弟在接手百达翡丽之后，依然有过一段艰难的岁月。斯登家族第四代传人、现任公司总裁泰瑞·斯登（Thierry Stern）回忆道：“我特别记得父亲曾告诉我当时环境极其艰苦，每个星期他们都得决定融掉哪一枚金表的壳来支付钟表工匠的工资。”

虽然危机重重，但斯登兄弟并没有一味追求经济效益，而是选择延续百达翡丽一贯的高品质，他们严格统一了制表的工艺标准，确保了产品的质量。更重要的是，他们决定研发新产品、开拓海外市场，以抵御经济危机带来的冲击。

在制表行业，腕表凭借其方便性，逐渐取代怀表。为顺应这一潮流，百达翡丽在1932年适时推出了拥有极强的佩戴功能的Calatrava系列腕表。而相应地，为了开发海外市

① 环球精英YOLO.斯登家族（Stern）：“对时间的热爱”续写百达翡丽显赫传奇[EB/OL].[2018-08-08]. https：//www.jiemian.com/article/2371621.html.

场，1937 年，查尔斯·斯登将自己的儿子亨利·斯登（Henri Stern）派驻纽约，负责与美国的分销商接洽。1958 年，亨利·斯登作为家族第二代传人正式接手百达翡丽公司，开始以毕生的专注和热情推动公司的成长。

如果说斯登家族的第一代奠定了品牌的根基，那么第二代则将百达翡丽推上了时尚的浪尖。1949—1979 年的 30 年间，百达翡丽便拥有了 40 项专利，创下名表企业之最。在执掌公司期间，亨利·斯登开始收集公司留存的独家珍稀时计。这些作品最终为 40 年后百达翡丽博物馆的建立奠定了坚实基础。时至今日，这座博物馆已经成为所有时计鉴赏家心中的钟表圣殿。

公司发展渐入佳境，家族传承也顺理成章，第三代斯登家族成员开始进入高速发展的百达翡丽公司。菲力·斯登（Philippe Stern）是亨利·斯登的儿子，出生于 1938 年，他最初选择的职业和信息技术有关，因为他觉得这一选择能够让整个家族企业受益。1966 年，他作为家族第三代加入百达翡丽。

菲力·斯登本人是体育迷，也是一流的帆船选手。因此，他想要设计一款风格休闲的优雅腕表。1976 年，这款腕表终于面世，即编号为 3700/1A 的 Nautilus 腕表，其宣传口号为“全球最昂贵的不锈钢腕表之一”。这款腕表原本是代表菲力·斯登学成的“毕业”作品，最终却成为百达翡丽历史上的一款旷世佳作。1977 年，菲力·斯登出任百达翡丽首席执行官。

在20世纪70年代中期，物美价廉的日本电子表和石英表在全球攻城略地，使得瑞士钟表业陷入了第二次世界大战后最严重的危机中。许多制表商转而开始生产石英腕表，并清算原有的生产资源。当时，公司里有人提出要做电子表或者镶嵌钻石的手表，都被菲力·斯登否决了，他认为“那就不是百达翡丽了”。

尽管早在20世纪60年代末，百达翡丽就参与开发了著名的Beta 21石英机芯，掌握着石英机芯技术，但它依然更倾心于机械时计。正因如此，百达翡丽制定了一项大胆的计划：开发一款全新的自动上弦机械机芯，以其难以抗拒的优雅魅力超越石英机芯。

这种超越既不是指更高的走时精度，也不是指更低的价格，而是指那些无可争辩的特质，例如美学设计、坚固可靠、经久耐用、非凡价值以及典雅魅力。百达翡丽深信，品牌创始人树立的这些价值是永恒的，哪怕时光流转、技术飞跃，这些价值也会永存。

当然，在决定生死存亡的行业危机面前，决定投资研发一款全新的自动上弦机械机芯，需要相当的魄力。最终，菲力·斯登开始研发Cal.240机芯，这款机芯一直被沿用至今。

菲力·斯登一直致力于使品牌时计成为极具收藏价值的艺术品。在他看来，复杂功能是制表业中的顶级工艺，百达翡丽推崇的理念是“完美的复杂性”和“完美的精确性”相结合。1989年，在公司成立150年之际，百达翡丽推出了Caliber89。

这是一款世界上最复杂的便携式机械计时器，开发历经 9 年，为公司发展史树立了新的里程碑。

父亲对钟表的爱，也燃起了菲力·斯登对收藏钟表的激情。为了把百达翡丽成立至今的最有趣的作品妥善保存起来，菲力·斯登最终建成了一座世界上最美的钟表博物馆——百达翡丽博物馆。“早在 1989 年的百达翡丽 150 周年庆典活动时，我们便萌发了建造一座博物馆的想法。现在，我们的梦想已经在 Vieux Grenadiers 大街的原百达翡丽工厂化为现实。这座博物馆是百达翡丽名副其实的掌上明珠，也是对众多日内瓦制表商的献礼，无论是那些已经消逝还是至今屹立不倒的制表商，都为推进这项高贵艺术作出了突出贡献，并使日内瓦成为一座举世闻名的城市。”

1994 年，作为家族第四代成员，泰瑞·斯登（菲力·斯登的儿子）加入公司。在斯登家族，从未有人强迫自己的孩子继承家业，而是通过耳濡目染，使得孩子真正喜欢表，“在百达翡丽工作的人，没有谁是不热爱表的”。直至今天，斯登家族每年都会安排家族成员到全球各地的门店去视察，并拜访全球各地的百达翡丽忠实客户，这既是倾听门店员工及忠实客户的声音，又是培养家族下一代对钟表的热爱以及对百达翡丽的荣耀感的有效途径，还可在全球旅行中增进家族成员之间的感情。

泰瑞·斯登从小就将公司视为自己的家。1997 年，他开始负责比利时、荷兰、卢森堡市场的销售工作。1 年之后，他出任公司的创意总监。2009 年 8 月，他接替父亲担任公司总裁，其父亲则出任荣誉主席。现在，他已经将自己的管理经验融入这家“古董”公司的血液。

尽管百达翡丽从 1933 年便易主，不过斯登家族承诺会为从 1839 年起制造的每一枚百达翡丽腕表提供终生保养与修复服务——这不是一句随口的承诺，因为修复古董机芯的零件需要有传承 100 多年的技术和资料。在瑞士钟表业能做出如此承诺的或许只有百达翡丽一家。

面对高端消费急速发展的中国市场，百达翡丽仍采取稳健且服务至上的市场策略。泰瑞·斯登表示：“百达翡丽在其方方面面都能坚守自己固有的发展节奏和理念，低调而稳健。而在中国，能有更为扎实及长久的发展规划，不急于一时一刻，要将品牌价值与中国文化相结合，带领百达翡丽走向更广阔的一番天地。”

多元化与专业化曾是困扰中国企业家的一道难题，直至今天，依然有无数的争议，仍无定论。但纵观 LVMH 与百达翡丽的成长路线，即使是投资“漫天开花”的 LVMH，都只是在奢侈品相关行业内谨慎地扩张；而百达翡丽则是专注于高端机械腕表的细分领域。

“大而不倒”只是幻影，穿越百年才是王道。愿中国企业家们都能在自己所选的那一片天地中持续地散发光芒。

第三章

顺势：经济基础决定上层建筑

“因为在未来的25年中，这里将是世界经济最快的增长点，芬迪希望在这个国家占有一席之地。”

——全球第一大奢侈品集团LVMH缔造者伯纳德·阿诺特在芬迪2008年春夏系列北京居庸关长城大秀上回答“为什么要选择长城作为秀场”时坦言

一 现象思考之品牌根基：美国的红酒品牌为何能崛起？

“哪个国家的葡萄酒最好？”我相信，绝大部分人的第一答案都是法国。

“好”既有行业标准，也关乎个人喜好。法国葡萄酒的五大名庄（拉菲/Lafite、拉图/Latour、侯伯王/Haut-Brion、玛歌/Margaux、木桐/Mouton）誉满全球，但美国的作品一号（Opus One）、澳洲的葛兰许（Grange）、智利的活灵魂（Almaviva）等也各有千秋；有人喜欢波尔多葡萄酒的矿物质风味，也有人青睐新西兰葡萄酒的浓郁果香……但为何说起“好葡萄酒”，大家第一个想起的仍然是法国酒？

究其原因，悠久的酿酒历史、独特的酿制工艺、有天赋的自然风土、严格的法律保护、深厚的品酒文化等，都将法国葡萄酒推上了世界葡萄酒的至高地位。“品法国红酒”也成了一种高端而富有品位的生活方式的象征。

根据《世界葡萄酒地图》的划分，葡萄酒产地分为“新世界”（New World）和“旧世界”（Old World）。“旧世界”通常指的是原始葡萄酒产国，大多位于欧洲和中东，包括法国、西班牙、意大利、德国、格鲁吉亚、罗马尼亚等。旧世界的葡萄酒酿制历史悠久，手段保守，颇具古典主义情怀。

“新世界”通常指的是欧洲的原殖民地国家，包括美国、新西兰、阿根廷、智利、澳大利亚、南非等，其建国历史相对较短。“新世界”奉行企业家精神，抛开了“旧世界”的繁文缛节，大胆地对酿酒工艺进行创新，加入了更多科技成分，以使葡萄酒品质更好。

例如，无论当年的葡萄收成如何，“新世界”的葡萄庄主们都会利用他们的新办法来使葡萄酒达到一定的品质标准；而“旧世界”的酿酒师们则执着得多了，特别是法国的名庄，仍然坚持传统的酿制工艺，且更推崇手工艺，仍一颗一颗地手工采摘葡萄，在收成不好的时候，甚至不出正牌酒，以保证其品质。

从消费角度看，两种葡萄酒各有特色，很难说谁好谁不好。但在现实消费时,“新世界”葡萄酒仍会受到更多“歧视”,特别是那些自恃偏爱“旧世界”葡萄酒浪漫情怀的人（比如动辄将勃艮第葡萄酒挂在嘴边的人），经常以各种理由来贬低

“新世界”葡萄酒。

那么，“新世界”葡萄酒究竟能否博得“旧世界”红酒客的欢心？一部以现实事件改编而来的电影，《瓶击》(*Bottle Shock*，也译作《酒业风云》)，给了我们答案。

电影情节并不复杂，是一个典型的“平民逆袭”之美国梦范本。

英国酒商史蒂文·斯普瑞尔由于经营不善，生意陷入低谷。为了挽回局面、重振威名，他不得不想尽办法找到比声名远播的法国葡萄酒更加廉价且物美的货源。于是，经过一番思量，他踏上了美国加州的土地，希望这个新兴的葡萄酒生产基地能给自己带来一线希望。

与此同时，生活在美国加州的父子吉姆·巴雷特和波·巴雷特也正在承受各种生活与经济上的压力。作为曾经小有名气的辩护律师，吉姆如今只想着把手里的这片葡萄园和自己钟爱的夏敦埃酒（一种类似夏布利酒的无甜味白葡萄酒）经营好，但整日游手好闲、懒惰无能的儿子波却丝毫不能给他提供帮助。而且，债权人还时不时地来骚扰、泼冷水，吉姆处境艰难。

当两个来自不同国度的事业失意人恰巧相遇时，局面发生了翻天覆地的变化。史蒂文凭借多年的品酒经验，认定吉姆的葡萄酒绝对不像欧洲人常说的那样——“加州酒只是廉价可乐”。他深信，吉姆的葡萄酒一定可以在欧洲赢得更多的市场。

于是，为了打败不可一世的法国葡萄酒、为加州葡萄酒赢得尊严，也为了两个中年人的事业和尊严，他们历尽艰难，终于将加州葡萄酒带到了1976年的法国品酒大会上。

1976年5月24日，史蒂文在巴黎举办了一场盲品会（指在遮蔽酒瓶、不公开酒品名称的情况下，通过品酒师品鉴，评判酒质高低的活动），评比8种名气最大的法国葡萄酒和12种默默无名的加州葡萄酒。从主办人、评审到媒体，大家都认为法国葡萄酒赢定了，加州葡萄酒简直是自取其辱。

评比结果出炉，让众人大跌眼镜——纳帕谷鹿跃酒厂（Stag’s Leap）的红葡萄酒（位列第一）与蒙特雷纳酒庄（Montelena）的白葡萄酒，双双击败波尔多与勃艮第知名酒庄的葡萄酒（包括侯伯王与木桐），赢得评审欢心！

获悉最终结果的法国评审们大惊失色，他们有一个共同的疑问——加州人是如何做到的？

发行量巨大的《时代》杂志的记者乔治·泰伯是这场品酒会唯一在场的记者，透过他的眼和笔，这场巴黎品酒会在葡萄酒世界响起平地一声雷——美国葡萄酒正式登上世界舞台，一个“新世界”葡萄酒与“旧世界”葡萄酒分庭抗礼的新时代开启了！

这场品酒会还有后续。2006年5月，距离1976年巴黎品酒会30年，波尔多葡萄酒要来复仇了。骄傲的法国贵族觉得年轻的美国牛仔经不起时间的历练——美国加州30年前的葡萄酒，采用30年前的酿造工艺和30年前的葡萄品种酿制，是不是已经完全失去了品尝价值呢？

于是，一场业界瞩目的“复仇之战”上演了，但结果仍是法国葡萄酒完败——各派出10位代表的美国与英国重量级评审团（当年出席的法国品酒师皆拒绝参加）逐一细心品鉴参评葡萄酒，最终，美国葡萄酒包揽了前5名！

葡萄酒很特殊——它是农产品，土壤、温度、阳光等风土条件决定了葡萄的质量，进而直接决定了所酿之酒的品质（七分原料三分酿制）。

它也是工业品，在酿酒过程中也有压榨、发酵、装瓶等工业化技术。

它还是艺术品，复杂而讲究的品酒程序，多元而微妙的餐酒搭配，使得每一瓶高品质葡萄酒的消费过程都充满了仪式感——不同于“感情深，一口闷”的中国白酒式喝法，葡萄酒简直就是有品位的生活中不可或缺的艺术品。

回到上文法国评审们的疑问：加州人是如何做到的？简而言之，就是靠以下3点。

第一，顺应“天时”。葡萄的生长自有其周期，葡萄酒的酿制需要一定的步骤及时间，对这些不以人的意志为转移的规律，庄主们只能去顺应。

葡萄的生长周期包含伤流期、萌芽和新梢生长期、开花坐果期、果实发育成熟期、落叶休眠期等，在每一个时期，庄主们都应做好对应的农作。

若要葡萄果实转变为瓶中美酒，大致需要经历采摘、破碎、压榨、发酵、陈年和装瓶等步骤，但依据葡萄酒种类、酿造风格和工艺的不同，具体的步骤也会有所调整。归根结底，美酒都是用时间酝酿而成的。

第二，善用“地利”。葡萄作为农作物，它的生长得依赖土壤、降水、光照、气温等自然条件。“一方水土养一方人，一方风土产一方酒。”按照标准定义，风土是一个地方特有的自然环境条件，是土地、山川、气候、物产等因素和人的风俗、习惯的总称。

葡萄酒是风土之物的代表，越来越多的人相信好的风土是制造伟大葡萄酒的基础。美国加州气候总体来说属于地中海气候（夏季炎热干燥，冬季温和多雨），绝大多数产酒区坐落在太平洋海岸和中央谷（Central Valley），来自太平洋及几大海湾（如旧金山海湾）的冷空气和雾气协调了山谷日照。

加州拥有多样的土壤和小气候，因此可以栽培品类繁多的葡萄。从丝雅拉丘陵（Sierra Foothills）的崎岖山地到中央谷的坦荡平原，不同的土壤培育出了风味各异的葡萄，例如仙粉黛葡萄（Zinfandel）就是加州的特产。

第三，实现“人和”。虽然加州并不如法国波尔多或意大利阿布鲁佐等“旧世界”产区那般有着悠久的酿酒历史，但是凭借其得天独厚的地理条件和大胆的酿酒风格（多种技术皆在此大胆试验），加州在当代葡萄酒世界中占有一席之位。

由于加州葡萄酒在巴黎盲品会上一鸣惊人，世人对加州葡萄酒的需求不断增长，也由此新建了很多葡萄酒庄。据统计，1966—2010年，葡萄酒庄的数量从227个增长到3400个以上。

欧洲不少葡萄酒庄及酿酒师都跑到加州购买葡萄园或者投资当地的酒庄。加州的葡萄酒业发展得到了法国、德国、意大利、西班牙及其他国家酿酒师的共同支持。

事实上，除了以上所述的“天时”“地利”“人和”等生产端的因素，美国葡萄酒能崛起的另一大关键原因在于消费端——正是美国消费者在逐渐成为全球葡萄酒业最大的购买客群的过程中，壮大了美国的葡萄酒业。从20世纪60年代末开始，美国葡萄酒市场逐渐升温；直至2013年，美国成为世界上最大的葡萄酒消费国，占全球葡萄酒消费量的13%以上，其次是法国和意大利。

历史上，以法国为首的欧洲葡萄酒生产国（即“旧世界”）是全球领先的葡萄酒生产和消费地。尽管美国的葡萄酒酿造和饮用历史并不短（在18世纪与19世纪，欧洲移民及其后裔开始用新技术和葡萄品种开发优质葡萄酒），美国的葡萄酒在国际竞争中也受到赞誉（比如在1889巴黎博览会上，约40款美国葡萄酒获得奖牌），但若论及全球级的高端品牌及产品，美国葡萄酒根本无法与法国、意大利等国相提并论。

1920—1933年的“禁酒令”对美国酿酒业造成了毁灭性打击，也改变了葡萄酒的形象。在此期间，优良酿酒葡萄的种植面积急剧减少，鲜食葡萄和制作葡萄干用的葡萄种植面积增加。20世纪60年代末至70年代初，美国葡萄酒市场发生了巨大的变化——技术发展、葡萄酒企业扩张、大众文化崛起，社会和文化运动促成了这一时期人们对饮酒的新的想象。

葡萄酒作为一种文化资本，既能传递酒的流行形象，又能传达人们对葡萄酒的社会认识，它成了一种象征，无意中传递着教育、经济和社会地位等信息。

在这一时期，酿酒师和葡萄酒鉴赏家在重塑酒形象的过程中起着至关重要的作用。

最负盛名的葡萄酒鉴赏家，是被誉为“现代酒评家之父”“葡萄酒皇帝”“味蕾的独裁者”的迄今史上唯一收获法国和意大利两国最高总统荣誉的葡萄酒作家及评论家——罗伯特·帕克（Robert Parker）。

原本是一名律师的罗伯特·帕克，在大学时期就对葡萄酒产生了浓厚的兴趣。1978 年，他创办了自己的葡萄酒杂志《葡萄酒倡导家》(*Wine Advocate*)。半路出家的他在葡萄酒界并没有什么分量，他能够横空出世在很大程度上归功于其对 1982 年份波尔多葡萄酒的独到见解。当时的主流葡萄酒作家都认为 1982 年份的波尔多葡萄酒过于成熟且欠缺陈年潜力，但他却坚信这一年份的葡萄酒品质卓越。当后来人们惊艳于该年份波尔多葡萄酒的上乘品质时，他也随之成名。1984 年，他结束了律师生涯，开始将全部时间投入杂志工作和葡萄酒业。

罗伯特·帕克对葡萄酒界的一大贡献是创立了 100 分评分制。在此之前，葡萄酒界普遍使用的是 20 分评分制。20 分评分制的缺点在于维度过少、缺乏灵活性，酒评人在评估葡萄酒时，大多基于酒款的缺点和不足倒扣分数，扣扣减减之后得到酒款的最终得分。而在他看来，饮酒是一件令人愉悦的事，酒评人不仅需要具备分析能力，更不应忘记葡萄酒的最终使命在于给人带来愉悦感。他推出的 100 分评分制正是基于此。根据葡萄酒的综合表现，他将葡萄酒分为六个等级，从低到高依次为劣品（Unacceptable，50~59 分）、次品（Below Average，60~69 分）、普通（Average，70~79 分）、优良（Barely Above Average to Very Good，80~89 分）、杰出（Outstanding，90~95 分）和顶级佳酿（Extraordinary，96~100 分）。

酒商评价罗伯特·帕克为"第一个能给出读者真正想要的内容的酒评家"。罗伯特·帕克在酒评里清晰直白地表述其观点，比如酒款的亮点有哪些、和其他年份的酒相比品质是否更好、与其他酒庄对比是否更胜一筹。正是因为有详细而透彻的酒评词，他为酒款评出的分数更具说服力。自然而然地，他的影响力越来越大，其推出的评分制逐渐风靡全球。得到他好评的酒款知名度迅速提升，价格随声誉水涨船高，酒庄得以创收。这种效应也反过来促使酒庄采取更多措施提升酒款品质。

100 分评分制问世后为大众广泛接受，甚至成了行业标准。罗伯特·帕克是很多产区的"伯乐"，原本籍籍无名的产区经他点评后，立即受到大众关注，南罗讷河谷（Southern Rhone Valley）、阿尔萨斯（Alsace）、俄勒冈（Oregon）、杜埃罗河岸（Ribera del Duero）和普里奥拉托（Priorat）等产区能拥有如今的知名度，离不开他的点评。

纵观全球葡萄酒业发展史，从来没有一个人像罗伯特·帕克这样，以一己之力改变了整个葡萄酒世界的格局。他的成就源自何处？正如他本人所承认的那样，他惊人的成功是“基于在互联网和社交媒体到来之前这一段时间，就像第二次世界大战后的婴儿潮一代渴望拥抱欧洲生活方式和葡萄酒消费一样”。而这恰好也是“天时”“地利”与“人和”共同造就的结果——罗伯特·帕克的100分评分制广泛地推广了葡萄酒，让美国乃至全球酒客接受了美国葡萄酒；而消费市场的追捧，又为美国葡萄酒庄主酿出更好的美酒提供了充足的资金与信心。

视线回到中国，在这片古老而充满历史底蕴的土地上，我们能打造出一批源自中国传统文化、带有强烈东方情调的精品，让当下热衷购买欧美奢侈品牌产品的中国国民乃至欧美国家的国民都认可且消费吗，就如同美国葡萄酒赢得了全球红酒客的认可那样？

若论历史底蕴，一大批“非遗”产品所蕴含的文化元素远胜欧美奢侈品牌；若论手工艺，在清及前朝的监造制度下，一大批能工巧匠将造物之术锤炼得登峰造极；若论器物之美，瓷器、丝绸等东方之物甚至深得欧洲大陆各大王室贵族的欢心……可惜的是，“非遗”的传承遇到了时代性的痛点——“非遗的审美当代化与作品商业化”，亦成了一个东方精品崛起之路上亟待解决的时代课题。

也许，在中国高端品牌的创建之路上，无论是企业家，还是手艺人，抑或是推广者，都需要一些罗伯特·帕克式的创新精神与踏实作为。

二

现象思考之经济大势：日本的时尚大师为何落寞？

在研究当代日本时尚界的品牌发展史时，我发现一个很有意思的现象。

高田贤三（Kenzo Takada）、三宅一生（Issey Miyake）、山本宽斋（Kansai Yamamoto）、山本耀司（Yohji Yamamoto）、川久保玲（Rei Kawakubo）这5位在欧美乃至全球范围内最具影响力的日本籍设计师，他们的公司创立及个人成名时间，集中于1970—1973年。

1970年，高田贤三在巴黎开设了他的第一家时装店——日本丛林（Jungle Jap）。这间时装店里的服装与大街上人们的穿着可谓大相径庭，与欧美设计注重人体三维结构和效果不同的是，和服设计中的平面理念在他的设计中随处可见。他的崭露头角，不仅为欧美本位文化吹入了一股清新的东方之风，而且给在东方“本土奋战”的时装业同行以莫大的鼓舞与信心，他开辟了一条由东方通向“时装盛世”的道路。

1970年，三宅一生结束在欧美的学习回到日本，并在东京开办了三宅时装设计所。次年，他发布了他的第一次时装展示，发布会同时在纽约和东京举行，获得极大成功。他创新的关键在于对欧美服装设计思想的冲击与突破。欧美服装设计的传统向来强调感官刺激，追求夸张的人体线条——丰胸束腰凸臀，不注重服装的功能性；而他则另辟蹊径，从东方服饰文化与哲学观照中探求全新的装饰与形式之美。在服装材料的运用上，他也改变了高级时装及成衣一向平整光洁的定式，以各种各样的材料，如日本宣纸、白棉布、针织棉布等，创造出各种褶皱的肌理效果。

1971年，山本宽斋在伦敦举办了以日本歌舞伎为灵感的“KANSAI IN LONDON”时装秀，被英国版*Harpers & Queen*称为“来自东京的大爆炸”，让欧洲人第一次领略了东瀛风情；1973年他为大卫·鲍伊（David Bowie，《滚石》评选其为“史上最伟大摇滚艺人”）设计了世界巡演的舞台服装，彻底让欧美世界记住了他；随后他又陆续攻占了巴黎、纽约、米兰这些时尚之都。

1972年，山本耀司成立了自己品牌的成衣公司，4年之后在东京举行了第一场个人发布会。当时欧美往往是用紧身的衣裙来体现女性优美的曲线，而他则以和服为基础，借层叠、悬垂、包缠等手段形成一种非固定结构的着装方式，塑造一种自然流畅的美，在市场上大获好评。

1973年，川久保玲创立了服饰品牌“Comme des Garcons”，并向世界展示了一种革命性的新型穿衣方式。她将自己的服装描述为：“女人不用为了取悦男人而装扮得性感、强调她们的身段，然后从男人的满意中确定自我的幸福，而是用她们自己的思想去吸引他们。”她的设计风格十分前卫，融合东西方的概念，将日本典雅沉静的传统、立体几何模式、不对称重叠式创新剪裁，加上利落的线条与沉郁的色调，与创意结合，呈现意识流的美感。

他们的作品，让东瀛风情席卷了欧洲大地；他们的涌现，让欧美时尚界多了一个特别的东方设计师群体。但问题是，他们为何集中出现在1970—1973年？

文化自信的崛起背后，是国民经济的强劲发展。

时光回溯至20世纪四五十年代，以原子能、电子计算机、空间技术和生物工程的发明及应用为主要标志的第三次科技革命兴起，它不仅极大地推动了人类社会经济、政治、文化领域的变革，而且也影响了人类的生活方式和思维方式。随着科技的不断进步，人类的衣、食、住、行、用等日常生活的各个方面也发生了重大变革。

在这次科技革命中受益最大的国家之一，便是第二次世界大战之后满目疮痍的日本。

1968 年，日本 GDP 达到 1466.01 亿美元，超越联邦德国（西德）成为全球仅次于美国的第二大经济体；人均 GDP 为 1450 美元，列全球第 20 位。

随着国民经济的腾飞，庞大的新兴中等收入群体诞生了。他们希望过一种更奢华、更炫耀的生活。一般来说，拥有豪宅等不动产是证明自身财富的最佳方式，但在人口稠密的岛国日本，这显然不现实。

手中不断累积的财富，加上深受欧美物质消费主义的影响，使得日本国民购买奢侈品（带有明显品牌标识的包、服饰及珠宝、腕表等）犒赏自己工作的勤奋、炫耀自己事业的成功成为当时的一股风潮，由此，也带动了奢侈品牌走出欧美，跨出其全球化的真正一步——各大奢侈品牌在日本扎堆开店。据不完全统计，高峰时期的日本竟然有 30 多家宝格丽、30 多家香奈儿、近 50 家古驰、50 多家蒂芙尼、60 多家菲拉格慕（Ferragamo）、100 多家蔻驰和 200 多家如今隶属 LVMH 的各品牌的专卖店……日本的奢侈品市场一度井喷，这一股奢侈品消费大潮从 20 世纪 60 年代兴起，持续了 40 多年，使得日本成为全球数一数二的奢侈品消费大国。

在其消费高峰时，分析师预测：全球奢侈品有 20% 卖到了日本本土，30% 卖给了到海外旅游的日本游客。这意味着，日本人买走了全世界一半的奢侈品，比当今中国消费者的全球奢侈品消费占比还高！

盛世狂欢的消费之下，亦有一拨有识之士开始觉醒："为何我们国民的消费品，都是由欧美人定义与制造的？为何我们不能从自身文化体系中发掘元素，制造具有国民文化属性的产品？”

“仓廪实而知礼节，衣食足而知荣辱。”如此简单而深刻的道理，在当代经济社会中得到了明晰的印证。五大日本籍设计师的成名时期，恰好是日本经济攀上高峰之际，亦是国民自信日渐高涨之时。正所谓“小成靠勤，中成靠智，大成在德，终成于道”，当国民经济的崛起，带来了民族自信的提升，从而呼吁自身传统文化回归之时，才华横溢的他们就成了时代的宠儿。

可惜的是，随着20世纪90年代初泡沫破裂，日本经济出现大衰退，此后进入了平成大萧条时期，步入“衰落的10年”……随着经济的衰退，日本的时尚设计师群体也逐渐沉默，年青一代中至今尚未出现一位能比肩上述五大设计师的人物。

在三浦展所著的被誉为“日本最流行的消费哲学圣经”的《第4消费时代》一书中，三浦展写道，在1995—2007年，日本就进入了第4消费社会（为方便划分，他将2005—2034年的30年整体定义为第4消费社会）。在此消费社会中，国民价值观趋于共享，重视社会；消费取向为无品牌倾向、朴素倾向、休闲倾向、本土倾向；消费主题为“联系”，几人分享一辆汽车，分享住宅；消费承担者为所有年龄层里单一化的个人。

无印良品与优衣库的崛起，就得益于此社会大势。特别是优衣库，其创始人柳井正常年占据日本首富之席，正是因为优衣库是日本国民的基础设施级服饰品牌——它不区分目标客户的年龄，以市场最低价格不间断地提供无论在何时何地，任何人都可以穿着的有时装性和高品质的基本款休闲服装，一如它的“Made For All”（造服于人）的理念，覆盖多元穿衣场景，打造无界穿衣体验。

梳理了日本时尚的发展史，我们再来看看中国的时尚史。

在记录“欧美奢侈品牌在中国发展的激荡 40 年”的《奢侈品在中国：梦幻商业与美好生活的激荡 40 年》一书中，我将 1979—2019 年这 40 年时间划分为 4 个时期。

第一个时期：1979—1991 年，混沌初开，国人时尚意识觉醒。标志性事件是法国时装设计师皮尔·卡丹（Pierre Cardin）于 1979 年举办了中华人民共和国成立后的第一个时装表演，揭开了中华人民共和国的时尚序幕。

第二个时期：1992—2003 年，追随潮流，中国市场逐渐升温。标志性事件是全球奢侈品第一品牌路易威登（Louis Vuitton）在邓小平“南方谈话”之后漂洋过海来到中国，并带动众多奢侈品牌进入中国。

第三个时期：2004—2012 年，黄金时期，国人消费惊艳业界。标志性事件是中国兑现“入世”承诺，于 2004 年颁布《外商投资商业领域管理办法》，向外资企业开放商业市场，积极促进国际奢侈品牌对中国的大力投资，奠定了中国成为奢侈品消费大国的基础。

第四个时期：2013—2019年，全球瞩目，行业进入“中国时代”。标志性事件是“全球奢侈品及时尚产业的黄金10年”结束，在全球奢侈品消费衰退之际，中国消费者（包括境内外消费者）却扮演了“行业拯救者”的角色。

从以上4个时期的时间脉络可以看出，就奢侈品的消费而言，2020年的中国消费市场，仿佛20世纪70年代日本消费市场的重现。不少行业研究机构预测：至2025年，中国将成为全球奢侈品行业最大的消费市场。

奢侈品成了国民享受美好生活、彰显自身财富乃至社会地位的一种符号。而中国消费者所释放的强大购买力，也逐步改变了欧美奢侈品行业的发展格局。

但在奢侈品消费逐步上涨的同时，中国的需求和供给两侧都发生了重大变化。得益于新中等收入群体的崛起，他们对商品需求的不断变化，深刻影响了奢侈品牌生产的商品。这也正是越来越多的奢侈品牌在每一年的中国春节来临之际，都会推出中国新春限量版商品的原因。它们以这种方式示好中国消费者。

2019年，中国人均GDP超过了1万美元。当时，财经作家吴晓波开始了一项研究：其他国家和地区人均GDP超过1万美元是在哪个年份？当他们超过1万美元的时候，发生了什么？他发现，一些发达国家，如美国、日本、德国、法国、英国，基本在1978—1981年实现了人均GDP超过1万美元。而亚洲地区的亚洲四小龙——韩国、中国台湾地区、中国香港地区、新加坡的人均 GDP 超过 1 万美元是在 1988—1994 年，相比中国内地早了 30 年左右。

这些国家和地区在人均 GDP 超过 1 万美元时，所面临的经济、产业情况与我国内地近 3 年的情况非常相似，都面临两大问题：第一，产业转型，劳动密集型企业在这些国家和地区无法继续生存下去；第二，消费升级，当一个国家或地区的人均 GDP 超过 1 万美元时，新中等收入群体会成为这个国家或地区消费的主力，而这部分消费主力的本土文化意识会大规模崛起。

这两大问题构成了中国商业变革中巨大的势能。对比美国与日本，二者人均 GDP 超过 1 万美元时发生的事情和中国内地正在发生的事情是一模一样的——美国人希望摆脱欧洲在文化上对他们的控制；日本人也希望摆脱欧美文化对他们的控制。

今天，中国人也开始反思，本土文化亦开始复兴。而这，也正是吴晓波将 2015 年定义为第三次“国货运动”元年的社会背景。

2018 年 2 月 7 日，纽约秋冬时装周正式拉开帷幕。中国李宁亮相秀场，成为第一个登上纽约时装周 T 台的中国运动品牌。其专门以“悟道”为主题准备了一批秀款，运用了经典的“中国色”——红色、黄色主撑全场，从设计、面料、剪裁到工艺，无不将中国元素与世界潮流相融合，用运动的视角表达对中国传统文化和现代潮流时尚的理解，在世界顶级秀场上完美演绎了20世纪90年代复古、现代实用街头主义以及未来运动趋势三大潮流方向。

此次纽约大秀主打怀旧和中国元素，就连产品名称都是“悟道”“珀之心”“悟空”“胭脂念”这类满怀中国特色的主题；“中国李宁”这4个字方方正正印在衣服上，打破了在时尚领域英文字母向来是Logo主力军的局面；在苏绣设计上，中国李宁团队选择仙鹤、飞天两个图案，在造型及针法设计上再创作，最终将两件绣有仙鹤与飞天图案的帽衫呈现在舞台上，向世界展示东方韵味之美。

中国李宁用欧美时装体系的语言给年轻人写了一封中式情书。有国外时尚撰稿人评论道：“运动风在融合中国视角的同时，用欧美的摩登廓形来点缀，用大胆的设计来彰显品牌的传承。”中国李宁的这一场秀，不仅是中国品牌的里程碑，也是让世界感受中国设计的历史性辉煌时刻。

但中国李宁之后，尚有来者？

大势已来。中国的互联网成就了一批“70后”、移动互联网成就了一批“80后”，当下消费升级的时代大势，能否成就一批“90后”，将20世纪70年代日本时尚界发生的故事，替换成21世纪20年代的中国版？

三

现象思考之消费升级：中国人为何去日本买马桶盖？

2015年1月25日，财经作家吴晓波在其自媒体“吴晓波频道”发布了文章《去日本买只马桶盖》，无意间击中了一个时代的痛点。全文如下。

今年蓝狮子的高管年会飞去日本冲绳岛开，我因为参加京东年会晚飞了1天，飞机刚落在那霸机场，看微信群里已经是一派火爆的购物气象：小伙伴们在免税商场玩疯了，有人一口气买了6只电饭煲！

到日本旅游，顺手抱一只电饭煲回来，已是流行了一阵子的“时尚”了，前些年在东京的秋叶原，满大街都是拎着电饭煲的中国游客。

我一度对此颇为不解："日本的电饭煲真的有那么神奇吗？"就在1个多月前，我去广东美的讲课，顺便参观了美的产品馆，美的是全国最大的电饭煲制造商，我向陪同的张工程师请教了这个疑问。

工程师迟疑了3秒钟，然后实诚地告诉我，日本电饭煲的内胆在材料上有很大的创新，煮出来的米饭粒粒晶莹，不会黏糊，真的不错，"有时候我们去日本，领导也会悄悄地让我们拎一两只回来"。

"我们在材质上解决不了这个问题？"

"现在还没有找到办法。"

美的创办于1981年，从1993年开始生产电饭煲，它与日本三洋合作，引进模糊逻辑电脑电饭煲项目，逐渐成为国内市场的领先者。近些年来，随着市场占比的反转，竞合关系发生微妙改变，日本公司对中国企业的技术输出变得越来越谨慎，"很多拥有新技术的家电产品，不但技术对中国企业封锁，甚至连产品也不外销，比如电饭煲就是这样"。

也就是说，很多年来，"中国制造"所推行的用"市场换技术"的后发战略已经失效了。

这样的景象并不仅仅发生在电饭煲上，从这些天蓝狮子高管们的购物清单上就可以看出冰山下的事实。

很多人买了吹风机，据说采用了纳米水离子技术，有女生当场做吹头发试验，"吹过的半边头发果然蓬松顺滑，与往常不一样"。

很多人买了陶瓷菜刀，据说耐磨度是普通钢的60倍，“切肉切菜那叫一个爽，用不到以前一半的力气，轻松就可以把东西切得整整齐齐了”。

很多人买了保温杯，不锈钢真空双层保温，杯胆超镜面电解加工，不容易附着污垢，杯盖有LOCK安全锁扣，使密封效果更佳，这家企业做保温杯快有100年的历史了。

很多人买了电动牙刷，最新的一款采用了LED超声波技术，重量比德国的布朗轻一半，刷毛更柔顺，适合亚洲人口腔使用……

最让我吃惊的是，居然还有3个人买回了5只马桶盖。

这款马桶盖一点也不便宜，售价在2000元人民币左右，它有抗菌、可冲洗和座圈瞬间加热等功能，最大的“痛点”是，它适合在所有款式的马桶上安装使用，免税店的日本营业员用难掩喜悦的神情和拗口的汉语说：“只要有中国游客团来，每天都会买断货。”

冲绳的那霸机场，小且精致，规模堪比国内中等地级市的机场，蓝狮子购物团的30多号人涌进去，顿时人声鼎沸，不多时，在并不宽敞的候机大厅里，便满满当当地堆起小山般的货品纸箱，机场的地勤人员大概已然习惯，始终面带笑容、有条不紊，这样的场景大抵可以被看成“安倍经济学”的胜利，也是“日本制造”的一次小规模逆袭。

过去20多年里，我一直在制造界行走，我的企业家朋友大半为制造业者，我眼睁睁地看他们“嚣张”了20年，而今却终于陷入前所未见的痛苦和彷徨。

痛苦之一，是成本优势的丧失。“中国制造”所获得的成就，无论是国内市场还是国际市场，其核心武器，只有一项，那便是成本优势，我们拥有土地、人力、税收等优势，且对环境保护无须承担任何责任，因此形成了制造成本上的巨大优势。可如今，随着各项成本的抬升，性价比优势已薄如刀片。

痛苦之二，是渠道优势的瓦解。很多年来，本土企业发挥无所不用其极的营销本领，在辽阔的疆域内构筑了多层级的、金字塔式的销售网络。可如今，阿里巴巴、京东等电子商务平台把信息流和物流全数再造，渠道被彻底踩平，昔日的“营销金字塔”在一夜间灰飞烟灭。

痛苦之三，是“不变等死，变则找死”的转型恐惧。“转型升级”的危机警报，已在制造业拉响了很多年，然而，绝大多数的局中人都束手无策，近年来，一些金光闪闪的概念又如小飞侠般凭空而降，如智能硬件、3D打印、机器人，还有什么“第四次工业革命”，这些新名词更让几乎所有“50后”“60后”企业家面如死灰。

若以这样的逻辑推演下去，一代制造业者实已踏在万劫不复的深渊边缘。可是，站在那霸机场的候机大厅，面对小山般、正在打包托运的货箱，我却有了别样的体会。

其实制造业有个非常朴素的哲学，那就是：

做电饭煲的，你能不能让煮出来的米饭粒粒晶莹不粘锅；

做吹风机的，你能不能把头发吹得干爽柔滑；

做菜刀的，你能不能让每一个主妇手起刀落，轻松省力；

做保温杯的，你能不能让每一个出行者在雪地中喝到一口热水；

做马桶盖的，你能不能让所有的屁股都洁净似玉，“如沐春风”。

从电饭煲到马桶盖，都归属于所谓的传统产业，但它们是否“日薄西山”、无利可图，取决于技术和理念的创新。在这个意义上，世上本无夕阳的产业，而只有夕阳的企业和夕阳的人。

陷入困境的制造业者，与其求助于外，到陌生的战场上乱碰运气，倒不如自求突破，在熟悉的本业里，咬碎牙根，力求技术上的锐度创新，由量的扩展到质的突围，正是中国制造的最后1公里。

我的这些在冲绳免税店里疯狂购物的、年轻的蓝狮子同事们，大概都算是中国当今的中等收入群体，是理性消费的中坚，他们很难被忽悠，也不容易被广告打动，他们当然喜欢价廉物美的商品，不过他们同时更是“性能偏好者”，是一群愿意为新技术和新体验买单的人。这一类型消费者的集体出现，实则是制造业转型升级的转捩点。

“中国制造”的明天，并不在他处，而仅仅在于——能否做出打动人心的产品，让我们的中等收入群体家庭不必越洋去买马桶盖。

这篇文章最终的阅读量超过了250万，其影响力之大（不仅指阅读量层面），可能是有公众号以来的所有文章之最。

此文一石激起千层浪，“中国制造”VS“日本制造”，一场品质战争就这样被吴晓波用马桶盖点燃了，先是董明珠（格力电器）、谢伟藩（恒洁卫浴）力挺“中国制造”：“中国马桶在功能上绝对不输于日本，甚至在某些方面比日本的更好用。”接着，央视曝光日本马桶盖系中国造，中日“马桶盖事件”又掀起了一个新高潮。进而，时任总理李克强也对“中日马桶盖争端”作出了表态。他不仅谈到了中国企业的升级，还谈到了消费者的权利。就在社会舆论试图证明“中国制造”不比日本差、纷纷批评国人存在盲目海淘现象之际，总理的表态就像恰逢其时的降温剂，将舆论的焦点引向了更具社会价值的轨道。总理幽默地表示：“希望中国市场能为消费者省下机票钱。”

2015年两会期间，著名经济学家、全国政协委员厉以宁在经济界小组讨论会上表示，企业要在经济新常态发展中转变思路，让产品更个性化，让服务更人性化：“我们应该做的是让品牌走到国外去，而把客户留到国内。”

2015年的“3·15”晚会聚焦“品质”。中消协在年前发布的调查统计和“3·15”主题明确揭示，关于产品质量和售后服务不到位的投诉非常突出，国内市场环境存在“携手共治，畅享消费”的迫切需求。

这场沸沸扬扬的中日马桶盖品质之争，其结果不仅是刺激了“中国制造”，同时也让中国智能马桶市场的三股势力浮出了水面，即以恒洁、九牧、东鹏等为代表的国产品牌，以科勒、美标等为代表的欧美品牌，以松下、TOTO 等为代表的日本品牌，这三股势力呈现“三足鼎立”的状态。

吴晓波的这篇文章在中国的中等收入群体中掀起了一场“马桶盖”革命，日本超市的马桶盖被卖断货，中国的马桶盖厂家订单直接翻番，淘宝上智能马桶盖成了热门词，甚至引起了两会代表和总理的关注……纵观史上网络热点，持续时间之长，言论规格之高，无出其右。

随着中国经济发展进入“新常态”，供给侧结构性改革应运而生。简言之，就是“供给侧 + 结构性 + 改革”，其基本含义是用改革的办法推进结构调整，减少无效和低端供给，扩大有效和中高端供给，增强供给结构对需求变化的适应性和灵活性，提高全要素生产率，使供给体系更好地适应需求结构变化。

中日“马桶盖事件”之后，吴晓波频道组织了一个研究团队，随着研究的深入，一个有别于传统中等收入群体的高消费群体逐渐浮出水面——他们具备较高的经济水平和高消费能力，但很难被忽悠，也不容易被广告打动，他们是“理性消费观”的坚定拥护者；他们喜欢物美价廉的商品，但更愿意为新技术和新体验买单，是典型的“性能偏好者”。研究团队将这个新兴的高消费群体称为“新中产”。“新中产”的概念就此诞生。

2018 年 1 月 30 日，吴晓波又在其自媒体“吴晓波频道”

发布了文章《马桶盖这 3 年》，来记录“中国制造”与“新中等收入群体消费”的 3 年转变。全文转载如下。

任何一个物品，都无法孤立地存在于时代之外，它的形态、设计及功能隐藏了那个时代的人类创造和审美及价值观。让人好奇的是，有一些物品会恰巧出现在某个敏感点上，从而构成为时代解读的标本。

从来没有料到，我会跟一个叫智能马桶盖的物品，有那么深的勾连。

为了写这篇专栏，我向京东索要过去 3 年的马桶盖销售数据。2016 年，京东商城的销量同比增长 120%，2017 年的同比增幅是 80%，而 2015 年的数据缺失，原因是：“在您写那篇文章之前，马桶盖还没有被列为单独的门类，仅仅归于家居五金类产品之中，到第四级页面才能被搜到。”

再向厂家要数据。松下、惠达和海尔等公司在 2015 年的销量增长了 300% 到 500%。科勒的调查显示，中国中等收入群体家庭新房的智能马桶盖安装率，从 3 年前的 3% 增加到了 2017 年的 20%。

3 年前的 1 月底，我去日本冲绳开年会，在归来的飞机上写作了《去日本买只马桶盖》，从此，马桶盖成了消费升级的一个现象级话题，进而无意中推动了这个产品的畅销。

回望这 3 年，作为“始作俑者”，自然有很多的感慨，其间的种种争议、竞斗和惊喜，令人难忘。如果你问我，印象最深刻的一点是什么？

答案是，最让我意外的是，在3年10倍级的增长中，马桶盖市场居然没有爆发价格大战。

按照“中国制造”的惯常路径，当一个产品被突然引爆之后，会迅速地陷入成本和规模大战，这一特征在电器领域尤为突出，从冰箱、洗衣机，到彩电和手机，莫不如是。

3年前，中国的智能马桶盖制造厂家约30家，到今天，已经增加到300家。这个数字似乎天然地出现了陷入传统制造业成长路径的可能性。不过，在需求井喷的马桶盖市场，价格大战并没有爆发。在京东商城，最主流的价格一直稳定在2000元到3200元的区间里。

这一景象是怎么发生的？

先说需求端。在过去的3年里，尽管马桶盖的总销量呈倍级增长，但是，从普及率来看仍然非常低，全国家庭的普及率仅为1%，即便是北上广等一线城市也只有10%——而在日本，其普及率为80%。

也就是说，3年来的新增消费者均为中等收入群体。毋庸置疑，这部分人群，是消费升级的主力。至少从马桶盖现象来分析，他们对商品的选择取向，已经彻底地摆脱了单纯的比价逻辑，而更注重产品的性能、服务和口碑。

在马桶盖被引爆的2015年，购买者最关心的话题就已经不是价格，甚至不是国货或日货，而是聚焦在两点：其一，中国家庭卫生间大多干湿不分，因而有更高的漏电安全性问题；

其二，中国自来水含垢量较高，如何保证长期的流水通畅性。

在“好产品”与“好价格”之间，消费者的首选因素，发生了极为微妙的变化。

再说供给端。必须承认，每个厂家都有打价格战的冲动，而之所以在马桶盖行业没有打起来，确乎是因为消费者变了。在这个意义上，需求端的价值观决定了供给端的竞争模式。

在过去的3年里，我至少去了6家卫浴企业实地调研，有两个场景给我留下深刻印象。

有一次，去佛山的一家公司，当我步入大厅的时候，赫然看到两只被切开的马桶盖，一个是日制的，一个是国产的。企业主兴致盎然地向我介绍两只马桶盖在种种功能上的细节性差异。

还有一次，去松下的中国生产基地，在研发中心，我看到一个封闭的实验室，一只马桶盖被24小时浇淋，以检测漏电安全性。研究人员告诉我，这项测试是专门针对中国家庭的卫生间现状而设计的。

在与各个厂家的沟通中，很少有人强调自己的价格优势，他们把更多的精力投注于性能的提高和服务的深化。有的厂家把免费保修期从3年延长到了5年，并承诺1年之内只换不修，有的提供送货到安装的一条龙服务。

即便是销售平台，也参与到了质量标准的建设中。在2016年，京东联合中国家电科学院及多家知名厂商，提出了中国马桶盖的行业标准，同时，还举办了全球仅有的“马桶盖节”，从卫生文明的角度，推广新的消费习惯和理念。

“什么是马桶盖？”在2016年，我收到一份邮件，有人向我提出了这个不无古怪的问题。这是一位上海的科研人员。在他看来，马桶盖不仅仅是一个简单的坐便装置，而可能成为健康管理的入口。他申请了几项专利，希望我推荐给有兴趣的卫浴企业，这种新型马桶盖，可以实时检测人的体脂率、骨密度、肌肉率、基础代谢、蛋白质和体水分。

“这些数据可以传输到云端，与互联网化的家庭医生平台合作，对人的健康状况进行管理。马桶盖，将被重新定义。”他兴奋地写道。

当我把这位科研人员的邮件转给几个厂家后，却发现，无一例外，他们都已经在悄悄展开类似的实验。更有意思的是，在去年的8月，居然已经有此类马桶盖量产面世。

放眼中国家电业，这是一个正在发生的变化。有人在问：什么是洗衣机，它有没有可能成为家庭衣物的管理入口？有人在问：什么是电冰箱，它有没有可能成为家庭食物的管理入口？那么，什么是电视机呢，它有没有可能成为家庭娱乐和知识学习的管理入口？

在这些古怪的问题背后，我们目睹了最为传统的家电产业正与人工智能、大数据、传感器及新材料等技术革命，融为一股新的创新能力。

从一只小小的马桶盖，可以清晰地读出中国制造业转型升级的轨迹。

人们常用“天崩地裂”来形容制造业的现状。所谓“天崩”，即消费者变得越来越难以捉摸，大众市场消失，过往那些一试就灵的营销手段全数失效。所谓“地裂”，即成本和规模优势丧失殆尽，技术创新的能力及路径选择，对企业核心竞争力的构建形成挑战。

同时，随着产品生命周期的收窄，市场竞争变得越来越惨烈，这更加剧了企业家们的焦虑。

透过马桶盖的这3年，我们至少可以得出3个结论。

其一，人们对美好生活的追求，将激发出新的需求，对它们的满足成为企业转型升级的原始起点。在这个意义上，除非需求增长停滞，否则，中国无夕阳产业。

其二，企业的核心能力，从商业模式向技术创新迭代，实验室和生产车间重新成为效益和效率提升的主战场，专利壁垒、工业设计和数据处理能力，成为竞争的3个新利器。

其三，产品的边界越来越模糊，跨界竞争和降维打击时时发生，任何产品都可能随时被重新定义，基于新场景和新技术的应用，正在激发令人耳目一新的想象力。

过去3年，我成了“马桶盖先生”，这样的经历很奇妙。它让我以“介入的旁观者”角色，目睹了一个普通物品的普及与迭代。马桶盖虽小，故事却很精彩，而且，迄今还没有讲完。

为了满足新中等收入群体对美好生活的向往，2016年初，

“吴晓波频道”向供给端商家广发邀请函——发起“奇葩匠人”的评选活动。1周之内，居然有1000多人报名。随后，吴晓波团队做了很多与新匠人发掘及养成有关的事情：举办过两场新匠人养成营；创办了中国第一本新匠人杂志《造物者》；参与拍摄了《百心百匠》，在湖南卫视的黄金时间播出；与复旦大学管理学院联合研发了中国第一个新匠人价值评估体系；与腾讯共同提出“新匠人守护计划”；在京东开了新匠人集合平台……2018年4月，为寻找并赋能更多“新匠人”，吴晓波正式推出“新匠人加速计划”。

何为“新匠人”？吴晓波说：“在我的理解中，所谓的‘新匠人’，不完全是艺术家，而更应该是‘有艺术才技的创业者’，他们服务于正在消费升级的中等收入群体，来源于此，植根于此，求活于此。”

传统在被继承的同时，更需要被颠覆和超越。在当代，技术创新让这一切成为可能，新的材料、冶炼技艺和设计理念已经成熟，甚至无线网络、芯片和人工智能也被植入最传统的产品里。而移动互联网这一工具，让审美相近的人更容易找到彼此。新审美、新技艺、新连接，造就了中国当代的“造物者”。

而“新匠人”的标准条件则设定为：①拥有人格化的新匠人品牌。②年销售额为500万至5亿元人民币，产品定价脱离了成本，经受了市场的考验。③产品符合新中等收入群体的消费升级核心：追求有品质的生活，愿意为好产品买单；符合新中等收入群体的审美取向，满足消费者在社交、生活等各方面的精神需求。④产品为非标准化大规模生产，产品以设计和体验为驱动力，产品溢价来自认同感。

一场场为了满足新中等收入群体对美好生活之向往而开设的商业实验，正如火如荼地进行……

四

第三次“国货运动”

2021年，由吴晓波担任总顾问、蓝狮子策划并主编的《新国货浪潮：商战里的中国史》一书正式出版。该书以时间为线索，观察中国百年来本土品牌的崛起，以三次“国货运动”中的商战故事为脉络，搭建国货的成长模型，讲述与我们生活息息相关的国货浪潮。

“国货运动”到底是什么？它的起源及表现是怎样的？书中做了详细介绍。

第一次“国货运动”，始于1904年，终结于1937年。主题是旧时代中的“国货觉醒”。在相当长的时间内，中国的产品在闭关自守中处于单向输出的状态，随着工业革命的兴起，中国被卷入全球化的生产与消费中，所有的价值都面临重构。在“士农工商，商为末业”的传统中国，有识之士喊出了“习兵战不如学商战”的口号。

1904年，美国圣路易斯举办了一届世界博览会，当时清政府派了一个代表团，由贝子溥伦带队参加，他们圈了一块50平方米的地，搞了一个中国村，展示中国的商品。他们带的是茶叶、丝绸、陶瓷等。但其他国家带来的东西是什么呢？是西门子的电报机、奔驰的汽车、可口可乐等。

在参加完世界博览会以后，清政府于1905年在北京设立了劝业场。劝业场，就相当于现在的商场。经过招租，劝业场进驻了140多家商铺，集百货、餐饮、娱乐于一体。在随后的岁月中，成都商业劝工会、南京劝业场、南洋劝业会、武汉劝业奖进会、西湖博览会等陆续开办，整个中国劝业成风。

同样在1905年，因美国政府拒绝《排华法案》期满自动废止的要求，国内发起声势浩大的“抵制美货”运动。3年后的“抵制日货”运动更进一步，民族自我认同感在这个时期空前高涨，由此掀起了第一次“国货运动”。在这样的背景下，国货喷薄而出。

20世纪二三十年代的上海是第一次“国货运动”的主战场之一。上海商人成立上海总商会、上海机联会、中华国货维持会等民族商业组织，为国货助威。

无数中国商人加入了战场。上海商人黄楚九表示“就是想和日本人斗一斗”，要是中国人抵制日货，却没有自己的产品，抵制日货岂不成了一句空话？为此，他创办龙虎公司，研制龙虎人丹，以对抗日本产的“翘胡子人丹”，在惨烈的竞争中，他宁愿补贴，也要将龙虎人丹推销出去，并贴出“中国国民请服用中国人丹，家居旅行毋忘中国人丹”的宣传语。最后，龙虎人丹大获全胜，如今，龙虎人丹仍是中国在海外知名度很高的产品之一。

“挺国货为国家”是第一次“国货运动”的底色，中国企业家向外界展示了“中国力量”。

第二次“国货运动”，始于1984年城市经济体制改革，终结于1998年的亚洲金融危机，主题是“中国制造业再出发”。一大批知名企业家开启了中国制造业的“星辰大海”时代。他们野蛮生长，在艰难中创业，在代工中杀出血路，创立了属于自己的品牌。当他们有了一定的底气和资本后，便试着向外国品牌发起挑战。

其中最具代表性的是彩电领域的价格战。20世纪90年代初的中国彩电市场有着巨大的利润空间，国内工厂纷纷入局，全国各地建立了上百家地方性的电视机厂，国际品牌也纷纷进入中国市场。

一时间，同质化产品充斥市场，行业竞争到了白热化的程度，一场大战在所难免。TCL率先发起价格战，随后，长虹、康佳也相继加入，一场不见硝烟的战役就此展开。外资、合资品牌被迫应战。

在这场战役中，洋巨头一统市场的格局被打破，中小彩电厂纷纷倒闭，产业格局得到重构，最终形成了长虹、康佳和TCL三足鼎立的局面。与此同时，价格战透支了行业未来，国产彩电进入微利时代。降低生产成本，是第二次“国货运动”中，中国品牌生存下来的常用方法。

汽车市场也出现了类似的价格战。当时的汽车市场上，一辆轿车的利润率高达30%，且汽车品牌以合资、外资为主，国产品牌寥寥无几。为了打破外资为主的局面，那时还在造摩托车的李书福决定做先行者——造汽车。

要知道，汽车产业是一个国家综合实力的体现，是高端人才、高新技术产业的体现。民企入局，谈何容易。为了拿到生产许可，面对时任国家计委主任曾培炎的视察，李书福深情地说：“请允许民营企业家大胆尝试，允许我们做轿车梦，如果失败的话，请给我一次失败的机会！”

1998年，吉利首款轿车豪情上市，5.8万元人民币的价格震惊了行业。低廉的价格，让人们对它的性能心怀疑虑，导致其两年只卖出去几千辆。但之后，吉利所引领的汽车价格战，在中国汽车市场掀起了腥风血雨。“汽车疯子”李书福把梦想变成了现实。

然而，吉利也遇到了与彩电同样的困境，吉利不赚钱了。李书福意识到，吉利必须向高端转型。后来的吉利，并购瑞典豪华车品牌沃尔沃，向世界输出中国制造的汽车。

正如古罗马诗人奥维德所说：“一匹马如果没有另一匹马紧紧追赶并要超过它，就永远不会疾驰飞奔。”

近40年来，中国公司在竞争中生生死死，以血肉之躯铸就了现代工业的基石。一场又一场的价格战、广告战、专利战、资本战，让中国制造在磨难中一步步走到世界舞台的中央。

第三次“国货运动”，起点是2015年。吴晓波撰写的文章《去日本买只马桶盖》引发热议，也成为当年两会的讨论议题。中国从政府到企业再到消费者，掀起了一场声势浩大的新“国货运动”。

这次新“国货运动”，更强调生活方式的引领，企业越来越重视技术创新，商业生态不断被颠覆，中国崛起、民族自信和产业复兴成为此时的潮流。

随着互联网的普及，线上购物渠道飞速发展，线下商场门可罗雀。从2016年到2020年的4年时间里，沃尔玛在中国就关闭了80多家门店，而这只是线下零售百货命运的缩影。

随着线上新渠道的出现，伴随淘宝成长起来的“淘品牌”和伴随直播诞生的“播品牌”生机勃勃，我们熟知的三只松鼠、花西子，都是这个时代的代表。拼多多异路崛起，广大的下沉市场成为蓝海。与此同时，盒马、名创优品等深度融合线下与线上渠道，一场名为“新零售”的征战由此开启。

经过多年的制造业产业积累，此时中国企业在技术、资金和人才储备上已相对充分，并形成了自己的方法论。它们另辟蹊径，弯道超车，迅速出圈，以其物美价廉、迭代迅速、符合中国人的生活习惯需求等特点，迅速占领了市场，并开始向霸占全球市场的超级品牌发起挑战。

消费主权觉醒是第三次“国货运动”的显著特点。新中等收入群体是这个时代的主流消费群体和潜力股，他们对文化、审美都提出了更高的要求。在互联网的作用下，沟通渠道更加扁平化，这一代的消费者的需求逆向作用于品牌与渠道，品牌与渠道因消费者需求而进行生产与创新。

在第三次“国货运动”中，哪些行业、哪些区域的品牌将获得先发优势脱颖而出？或者反向思考，在“国潮来袭”的大势中，中国品牌能轻易地站在风口上，成为那只飞上天的“猪”吗？

在我所观察的行业与区域中，作为改革开放的先行者，广东品牌的转型升级之路或许能给我们带来一些新的思考与启发。

2018 年 11 月，深圳改革开放展览馆举办了一场大展，“大潮起珠江——广东改革开放 40 周年展览”。观众通过展览，深入了解了广东改革开放背后的故事，感受到 40 年来社会生活的巨变。

羊城晚报集团金羊网的报道，将此展览跨度的 40 年划分为 3 个阶段。

1. 1978—1991 年，先行一步的“广货”畅销全国

改革开放前，广东是一个相对落后的农业省份，经济社会发展缓慢。1978 年全省人均生产总值才 370 元人民币，低于全国平均线。

党的十一届三中全会胜利召开后，广东各地迅速恢复和发

展生产，把工作重心转移到经济建设上来。1978年，珠三角地区率先兴办“三来一补”（即来料加工、来样加工、来件装配，以及补偿贸易）企业，与中国香港形成“前店后厂”的紧密联系，东莞太平手袋厂成为国内最早出现的“三来一补”企业之一。

1984年以后，广东进一步放开农副产品和工业消费品价格。农民“洗脚上田”当老板，珠三角地区的乡镇企业如雨后春笋般涌现，大力发展加工贸易，走出了一条农村工业化的道路，也大大促进了各类消费品的生产，市场上的商品愈加丰富。

1978—1991年13年间，广东不断解放思想，大胆探索试验，在改革开放中先行一步，生产总值年均增长12.4%，1989年开始跃居全国首位，成为当之无愧的改革开放先行地、试验田。

2. 1992—2011年，屡开先河的“广货”引领潮流

20世纪90年代前后，中国特色社会主义面临考验。1992年，邓小平视察南方并发表重要谈话，系统总结改革开放实践经验，要求广东改革开放迈出更大的步伐，力争用20年赶超“亚洲四小龙”。

其后，广东以建立社会主义市场经济体制为目标，掀起改革开放新热潮，绘制赶超“亚洲四小龙”蓝图。珠三角许多制造企业从传统的手工作业起步，靠工人师傅手摇磨床及手绘图

纸制出精密模具、制造精密零部件，再组装成行销全球的电脑、手机等产品，逐步实现了从传统制造到精密制造的跨越。

邓小平南方谈话后的20余年间，广东用实际行动和创造性探索，在赶超“亚洲四小龙”方面取得巨大成就，珠三角地区迅速发展为世界制造业中心，“广东制造”开始享誉全球。“广货”产品创新的深度和广度也在不断增加，在一个又一个领域创造“第一”，引领潮流。

3. 2012—2018年，高科技的“广货”影响世界

2012年11月，党的十八大胜利召开，开启了中国特色社会主义新时代。广东大力推动创新集聚发展，重点支持高端装备制造、新一代信息技术等重点领域和重大科技基础设施建设，努力抢占技术创新制高点。

“广货”科技含量越来越高的同时，其生产方式本身也越来越高科技。一个展览现场展示了富士康自主研发的无人工厂——它在工业互联网基础上，以机器人取代工人，通过云平台、雾计算、移动终端、大数据、人工智能等技术的有机融合，实现了制造资源的无缝连接、弹性供给和高效配置，而这正是广东制造企业大力推广智能生产、自主创新的缩影。

弹指间，桑海沧田。改革开放的第一个40年，广东从经济薄弱的农业省份一跃成为中国制造的大本营；步入第二个40年，“我国社会主要矛盾已经转化为人民日益增长的美好生活需要和不平衡不充分的发展之间的矛盾”，广东还会跟得上

这种发展的转变吗？

时光倒回20世纪80年代。彼时国内生产工艺、技术设备落后，进口货又难买。正是抓住这样的市场机会，广东利用邻近中国港澳地区的优势，学习先进的概念和技术，率先发展轻工产业，在服装、电器、日用品等领域都创立了多个名牌。

“珠江水、广东粮、岭南衣、粤家电”畅销全国，书写了“广货”传奇；“东西南北中，发财到广东”的顺口溜，更是吸引无数人才汇聚南粤热土。

“远看像洋货，近看是‘广货’。”以新潮、时髦为形象标签的“广货”迅速风靡全国，众多国人第一次享用的方便面（华丰）、夹心饼干（嘉士利）、易拉罐饮料（健力宝）、纯生啤酒（珠江）；第一次穿上的牛仔服、健美裤、蝙蝠衫……都来自广东。

随着生活水平不断提高，电器时代来临。从最初的五羊牌电风扇，到钻石牌转页扇，再到以外形和技术见长的美的、艾美特等的家电产品迅速抢占市场；江门金羚、中山威力、广州高宝等，都曾经是国内名声最响亮的品牌。

作为全国第一批商业化批量生产的冰箱，万宝冰箱在市场上独领风骚，甚至要凭票购买。随后，容声、科龙、华凌成长起来，成为后起之秀。步入20世纪80年代后期，TCL、乐华、康佳、创维等一批企业相继在全国掀起更新换代潮，将彩电的最新功能、最新外形的信息传递给人们。广东家电形成了阵容庞大的“集团军”，几乎每个家电品类都能数出3~4个具有全国影响力的品牌。

据不完全统计，高峰时期的“广货”在全国各大城市占据30%~50%的市场份额，珠江三角洲取代了上海，成为全国轻工产品的供货基地，广东省生产总值也随之跃居全国第一。

如果说“珠江水、广东粮、岭南衣、粤家电”书写了20世纪八九十年代“广货”的传奇，到了21世纪，随着汽车、船舶、石化、IT、装备工业等重工业、高新产业不断涌现，“广货”的组成格局已悄然发生深刻变化。每一个“新广货”的诞生，都意味着一个新的产业板块在广东崛起。

时代在发展，但曾经引领个人消费品类风潮的“广货”却不再一枝独秀。

多年来，我专注于研究欧美奢侈品产业的发展，而在奢侈品的六大分类中——时装及皮革制品、香水及化妆品、钟表及珠宝、葡萄酒及烈酒、豪车游艇与私人飞机、精品家居与高级酒店，至少前三类的中国乃至世界范围内的制造大本营，就在广东。

具体而言，服装、鞋履、皮具、箱包、香水、化妆品、珠宝及腕表的国内一流的制造基地，几乎都在广东。广东省服装行业规模以上企业累计完成服装产量约占全国的20%；广东省皮革、制鞋产业总产值约占全国的20%（列全国首位）；广东省珠宝首饰行业工业总产值约占全国的70%；深圳是唯一的“中国钟表之都”……

根据《广东省培育纺织服装产业集群行动计划（2019—

2025年)(征求意见稿)》,到2025年,广东全省力争实现纺织服装制造业产值达到8000亿元人民币,推动纺织服装技术研发、产业化及应用水平迈入世界先进行列,夯实广东省纺织服装材料、皮具制品材料市场规模全球第一的地位,以及牛仔、衬衫、内衣、针织品、时尚箱包与皮具等产品居全球产量首位的坚实地位,形成具有全球竞争力的纺织服装产业集群。

但根据具体查证,巨大的产量之下,"广货"的品牌并不强。

中国服装协会发布"2019年中国服装行业百强企业"名单,根据营业收入、利润总额和营业收入利润率3项指标进行排序,前10名公司旗下品牌分别为:海澜之家、雅戈尔、红豆、杉杉、如意、波司登、太平鸟、森马、潮流前线(东莞)、迪尚。

CNPP品牌大数据研究部门综合分析了皮鞋行业品牌的知名度、员工数量、企业资产规模与经营实力等各项实力数据,发布"2019—2020年皮鞋十大品牌"榜单:奥康、红蜻蜓、意尔康、百丽、康奈、蜘蛛王、爱步、其乐(Clarks)、金猴、哈森名列其中。

2019年6月,中国轻工业百强企业高峰论坛在北京举行,根据营业收入、利润总额、营业收入利润率、税收占利税比重、研发投入及营业收入增速等6项指标综合评分,发布"2018年度中国皮革行业十强企业",分别是:福建信泰、浙江通天星、广州红谷(广州)、山东恒泰皮草、德州兴隆皮革、浙江银座箱包、浙江中辉皮草、四川达威、杭州兽王实业等。

中国日用化学工业研究院发布“2019中国日化百强”榜单，从销售收入、企业规模、行业影响力、品牌知名度等各方面进行考量，前10名分别为：爱茉莉太平洋（中国）、巴斯夫（中国）、北京东方淼森、北京金鱼科技、北京洛娃日化、北京绿伞、珀莱雅、长沙普济生物、常州伟博海泰、东明俱进。

中国连锁经营协会发布的“2019—2020年中国时尚零售企业百强榜”显示，金银珠宝首饰品牌的前10名为：周大福、老凤祥、豫园、周生生、六福、金一、周大生、潮宏基（汕头）、明牌、金叶。

经中国钟表协会推荐，由中国轻工业联合会对2019年度主营业务收入、利润、主营业务收入利润率及主营业务收入增速4项指标进行打分，评出“2019年度中国钟表行业十强企业”（其中三家并列第十名），分别为：深圳飞亚达、珠海罗西尼、深圳雷诺、天津海鸥、深圳天王、深圳格雅、深圳依波、深圳瑞辉、漳州恒丽、烟台北极星、烟台持久、深圳星皇。

综上，除了钟表行业由深圳彰显“中国钟表之都”风范，在以上涉及的其他领域的前十强（若为广东品牌，皆注明了城市）中，广东品牌几乎全部缺席。

或许并非广东落后了，而只是“广货”一枝独秀的时代过去了。这就是广东的尴尬：虽为制造大省，却非品牌强省。

2017年8月，由广东省浙江商会主办，于广州白云国际会议中心举行的第三届世界浙商（广东·2017）高峰论坛上，浙江商会总会会长在演讲中说："粤商更为低调，闷声发财；浙商很高调，自带网红色彩。"他鼓励浙粤商融合发展，把握"新制造"机会："现在是做企业最好的时代。"

当改革开放初期的时代红利逐步消退之"天时"不在，当毗邻中国港澳以方便进行产业转移与承接的"地利"丧失，广东作为经济大省的优势，唯有"人和"。

但颇为可惜的是，当品牌时代来临，广东人的低调、务实、拼搏等传统美德，对企业及品牌发展来说，却是一个桎梏。

因为低调，总觉得"好酒不怕巷子深"，而过分忽视了品牌宣传；因为务实，总觉得品牌文化太虚（广东也一直被诟病为"文化沙漠"），而大多忽略了对品牌内涵的提炼；因为拼搏，总觉得遍地都是机会（商机确实相对内陆省份更多），稍微一碰到问题就想着要转型、换行，而缺乏把"冷板凳"坐热的从一而终的执着。

"闷声发财"的美梦，似乎已不符合时代的要求；"勤劳而不（足够）富有"的现状，已成为广东企业家的普遍写照。

罗振宇在2019年"时间的朋友"跨年演讲中提到中国消费市场的机会，将之总结为："利用中国红利和新基础设施，创造一个世界级品牌。"

何为"中国红利"？其中一大关键因素，便是国民经济的发展，带来了民族文化意识的觉醒，推动了"新国货"品牌的崛起。

财经作家吴晓波将2015年定义为第三次“国货运动”元年，背后的逻辑基础便在于“当一个国家的人均GDP超过1万美元时（中国在2019年达成），新中等收入群体会成为这个国家消费的主力，而这部分消费主力的本土文化意识会大规模崛起”。

何为“新基础设施”？对个人消费品而言，手握规模、速度、成本控制能力这3张王牌的中国制造，以及联通万物的移动互联网络，便是当下与消费者连接的最强赋能利器。

满足“人民对美好生活的向往”，不仅仅是执政党的奋斗目标，也是人心所向，更是商业的前行方向。打造具有“精美器物”与“精致文化”双重属性的高端品牌，正是商业的未来要求。

据不完全统计，广东民营企业100强创始人平均年龄达56岁，年龄超过55岁的创始人约占总数的50%，从年龄上看，已走到了企业传承的关键路口。然而，不少“创一代”企业家对交接班认识不足、准备不足，使企业传承面临不少挑战。

普华永道发布的《2018年全球家族企业调研——中国报告》显示，在中国，仅42%的家族企业决策者有内部交班的意愿，而制定继任计划的企业比例更是低至21%。

我在探访珠三角多城的“一代”创始人及“二代”接班人时发现一个普遍现象：“一代”创始人已完成原始积累，随着时代红利的消失及新常态下经济形势逐渐严峻，他们普遍心生倦意——继续做代工，时代已经不允许；升级做品牌，却有心无力。

“二代”接班人则更是进退两难——传承做实业？个中艰苦不禁令其望而却步；进军金融与投资界？看似高回报的背后，亦有超乎个人把控能力的高风险。

当“一代”逐渐离开舞台，“二代”如何传承并创新发展？新“广货”的未来之路在何方？

广东不缺精密制造能力，也不缺高端设计能力，更不缺朝气蓬勃的有志青年，唯独缺了一批（能获得高溢价的）高端品牌。广州作为全球迄今唯一延续千年而不衰的商贸城市，我相信在新时代之下，它亦能（带动珠三角乃至整个广东省）与时俱进延续“商贸之都”的风范，新挑战已来，唯有祝福。

五

“为中国而变”

2021年牛年新春到，各大奢侈品牌闻风而动。路易威登设计了一款双腿劈叉的小牛坐在红色罐子上的“牛储蓄罐”，以及牛元素的丝巾、围巾、项链等；迪奥将牛的标识运用到了衣服、包、鞋子上；博柏利融入“牛”的元素专属标识，推出了全系列服饰产品，甚至还拉了一头黄牛来担任“模特”拍了一组大片；宝珀推出限量版中华年历“福牛”腕表……甚至连苹果都推出了AirPods Pro牛年限量款。

大约自2010年春节起，每年各大奢侈品牌都会设计一系列的中国春节款，尽管它们对中华文化的理解与春节元素的使用时常被国人吐槽，但它们对中国市场的重视及努力，应该得到肯定。

对比之下，中国品牌，特别是与欧美奢侈品牌一样具有上百年历史的“中华老字号”，又为中国春节及消费市场做了哪些努力？

2021年9月，“中华老字号”张小泉股份有限公司（以下简称“张小泉”）在深圳证券交易所成功上市。这家已有近400年历史（始创于明崇祯元年1628年），集设计、研发、生产、销售、服务于一体的现代生活五金用品企业，一跃成为涌立资本潮头的“剪刀第一股”。

其公开招股书显示，2017—2019年，以及2020年上半年，张小泉分别实现营业收入约3.41亿元、4.1亿元、4.84亿元以及2.51亿元人民币；对应实现归属净利润分别约为4841.62万元、4380.85万元、7230.07万元以及3281.46万元人民币。

不过看似成绩亮眼的老字号品牌张小泉，实则品牌竞争力已严重衰退。据招股书披露，张小泉2019年销售刀、剪3200万套，实现营业收入4.84亿元人民币，而张小泉所处的刀剪行业全国有近3000家企业，2019年Euromonitor数据显示：刀剪行业全国市场总量约为991亿元人民币，按照营业收入计算，张小泉在全国的市场份额不到0.5%。

谈到刀具，自然令人联想到国内中等收入群体家庭的第一选择：德国双立人（Zwilling）。它于1731年创立于德国的“刀剑之城”索林根（Solingen），以独特的刀具钢材配方及刀具工艺闻名，是全球厨用刀具的代表品牌。后来它又专注于厨用锅具，首创“现代厨房生活美学”，倡导快乐、轻松、时尚的厨艺生活，并在上海旗舰店内将精品店、餐厅、美食学院、服务中心集合呈现，打造绮丽的摩登厨房场景，堪称烹饪爱好者的乐园。

同样都是以刀具闻名的五金品牌，同样都是有着几百年历史的古老品牌，一方面是张小泉的品牌老化、实力下滑，“中华老字号”的身份与现代生活画风相去甚远；另一方面是双立人的品牌强势、业绩惊人（位列世界十大厨具品牌榜首）。为何它们的命运大不同？

按道理说，张小泉对中餐烹饪之刀的理解一定会在双立人之上，毕竟“中国人更懂中国菜”，而中餐与西餐对烹饪的理解大为不同——西餐不吃骨头，而中餐呢？讲究“大骨熬汤，身强体壮”。单单只是这一点区别，就决定了中餐之刀与西餐之刀的分野。

但双立人太努力了，它“为中国而变”。2018 年 6 月，它推出了 Dragon（中国龙）刀具。刀身上分别刻有秦、汉、唐、宋、元、明、清 7 个中国古代鼎盛王朝的名称，并以历代书法名家的字样镌刻，配以代表中式生活哲学的古诗词，令握刀下厨变为一种新的雅士风尚。刀具采用特殊配方钢材制作，犹如“玄铁”般的黑色镀层，配以中式刀特有的圆形手柄，连刀架都复刻了文史典籍的外观，“朱漆”加身，贵气中亦有雅意。在新中式风潮风靡全球的当下，Dragon 系列将经典中式元素与现代材质巧妙糅合，赋予了传统物件不一样的生命力，成为双立人叙写中国情怀、礼赞中国传统文化的经典之作。

这些品牌努力的背后，是一个超级市场的超级吸引力——“得中国者，得奢侈品天下。”自 2013 年起，一直到以顺境结束的 2019 年“丰收年代”，甚至是从 2020 年至今的“衰退年代”，中国消费者（含境外消费者）皆为全球奢侈品行业提供了最大的购买力及推动力。

接下来我们应该思考一个问题：中国强大的购买力 / 消费市场会催生一些源自东方本土的高端品牌吗？以及，欧美奢侈品牌为了中国市场做了哪些本土化的改变？

2008 年，在欧美奢侈品牌入驻中国的潮流中，爱马仕以另一种方式震惊了业界——它与蒋琼耳女士联合创立中国高端生活品牌“上下”（Shang Xia），致力于向全世界推广中国的精湛手工艺，传承中国传统文化并推广中国当代设计，糅合东西方文化的精髓，创造 21 世纪全新的当代生活美学。

作为上下的首席执行官及艺术总监，蒋琼耳女士透露：“这是一个很美好的与爱有关的故事。”双方共同打造一个传承中国文化及复兴传统手工艺的梦想，作品包括家具、家居用品、服装、首饰及与茶有关的物品，它们以“家”为原点，演绎绚烂而平淡的东方雅致生活。

蒋琼耳女士是一位拥有国际声誉的中国当代设计师，在研习国画、书法等传统文化的氛围中长大，从同济大学毕业后就读于法国国家装饰艺术学院，进一步学习家具和室内设计。在欧洲游学和创作的经历赋予她国际的视野和开放的思维；双重文化的背景让她的创作自由舒展，既保有对传统的尊敬，又海纳百川、兼容并蓄。

在游弋于不同领域挥洒创意，接触到越来越多外部的美好事物的同时，她也越来越认识到，自己站在非常深厚的中国文化的根基之上，并因此而感到自豪。她接触到许多深藏于民间的中国传统手工艺，这些技艺精湛巧妙，所创造的物品美丽而充满力量。

蒋琼耳被这些累积了时间和文化的技艺深深打动，更坚定了自己读书时就已萌生的梦想——“让中国的好工艺、好设计真正被世界看到”。等她遇见爱马仕，这一美好的梦想便自然而然地实现了。

“爱马仕是我以前在设计事务所工作时服务过的一个客户，我曾为它设计中国艺术橱窗和艺术书籍。互相了解以后我发现，爱马仕其实也在寻找渠道，将它对精致设计、精湛品质、美学风格的执着追求，像种子一样种到另外一片文化、文明的土壤里。他们需要与这个文化国度的人一起去实现。”

为何取名为“上下”？“如其在上，如其在下。”“上下”这个名字寓意简单而意义深远，上下五千年，承上而启下，路漫漫其修远兮，吾将上下而求索。上下要搭建一座无形的桥梁，连接传统与现代、东方与西方、艺术与生活、人与自然，诠释中国式的儒雅与热情。

上和下，代表最直接的传承与创新：第一，传承中国传统的手工艺。中国有非常多且精湛的手工艺，来自历史，需要传承。第二，传承中国的传统美学。上下选择了模仿汉代的服饰、宋代的器物、明式的家具，这是一种轻盈、简约、隽永的美学。第三，传承中国传统生活方式、生活哲学，带有文人气质与情怀，带有诗情画意的东方生活美学气质。

蒋琼耳女士为上下选了 3 个关键词。

第一个词是 Human，即人性。它是一个关于人性的品牌，所有的内涵都和人有关。从设计到手工艺都是由人来创作的，从人来，再回到人，为人所用。通过人把自然和城市连接起来，通过人把原材料变成精美的器物，通过人把过去和未来连接起来。

第二个词是 Emotion，即情感、爱。从一个原材料变成一个作品，必须包含情感，没有情感的作品是没有灵魂的。用时间和情感创作出来的东西，一定是有品质和价值的。

第三个词是 Beauty，即美。寄情于物，情由物生。“人加情感，再加美，才是完整的。”

关于中西文化的交融，游历东西方的蒋琼耳女士也有着自己的独到理解：“其实就是佛教里面的一个词：放下。不要总觉得自己文化好，不能放下。放下并不是放弃，只是放下一些形式，植入心里的精神是永远不会消失的。放下也不等于消失，只是在某些时候是隐性的。”

由此带来的影响是，上下不是刻意在做新中式，它只是用中国传统里的一些美学灵感，进行国际化的设计，它包含东方美学的灵动、飘逸、天人合一的感觉；其设计的器物运用了传统的工艺，传承了传统器物美学的简约、干净、利落、大方。

“我们要传承的是一种东方气质、神韵，所谓的中国元素全部要放下。”上下尝试用现代商业的力量，去找回并完善散落在民间且濒临失传的传统手工艺。

面对重重困境，蒋琼耳女士依然信心十足。谈及上下品牌未来的发展方向，她有着清醒的认知：“从长期来说，我希望能够实现我们对中国传统手工艺、传统生活美学的承上启下的梦想，创造出一个立足于中国、发展于全世界的中国高端生活品牌。”

而落实在短期的计划里，她为上下的第一个 10 年制定的关键词，就是“打基础”。

“现代人都想在最短的时间里，把企业做到最大，使商业规模最大化，赚最多的钱。但我们走的是另外一条路，就像造楼，我不是造一个小别墅，高层建筑打桩跟小别墅打桩没有可比性。

“‘打基础’的基础包括 4 个方面：第一个是设计风格，在雏形基础上把它加深、明显化；第二个是品牌价值观的加强，要把它像根一样地放到品牌各个细节里；第三个是寻找文化与商业的平衡点；第四个是梳理和整合全部的供应链。把这 4 个方面的基础打好了，我们才有底气站到国际市场上。上下还需要时间来历练，这样它以后才有更大的后劲去发力。”

有了清醒的认知与踏实的执行，以及爱马仕的大力支持（资金、设计、品牌等），上下会成为第一个真正意义上源自中国，且被欧美主流市场认可的奢侈品牌吗？这个课题，放在日益成为全球最重要的奢侈品行业单一市场的中国，显得尤其具有社会价值。

蒋琼耳女士有她的思考。“所谓奢侈品，其实就是时间和情感的积累。奢侈品牌并不是靠政府的帮助与中国元素的注入便能崛起的。中国缺的不是钱，而是耐心。如果有中国奢侈品牌崛起，无论是中国企业做的还是外国企业做的，那它除有经济能力外，还要在精神上拥有一定的理解能力。”

比如上下，在前期是不能以经济利益为第一考量的。其受行业尊敬的原因之一，是其在中国建立了一条基础的手工艺产业链。欧洲的高端品牌都有一条完整的手工艺产业链在支撑，但中国没有，往往是孤零零的一个作坊，几个老师傅带着几个徒弟工作，且整体而言缺乏管理与规划。

上下在产品的生产过程中不断构建这一产业链。曾经有很多产品，在研发阶段，团队与手工艺老师傅合作得挺好的，可一旦产量上去了就会脱节，次品率很高。手工艺品虽与机器开模制造的东西不同，可以允许有一点偏差，但必须有一个标准。于是，上下的产品研发周期从最初计划的半年，到最后变成 2 年，甚至更久。

除了产业链，上下也在努力建立品牌的价值观。只要核心的价值观不变，即便时光变迁，品牌也终将在历史的长河中留存下来，在滚滚浪涛中，仿佛一块磐石，不会被冲走；或者如一棵大树的树根，扎得足够深，再大的风暴也不会将其吹倒。

在日益全球化的当下，在国人消费欧美奢侈品的热潮中，上下所倡导的“东方雅致生活”是一种怎样的存在？

上下在尝试中国式风格——绚烂而平淡。上下的作品从外表看都很“安静”，没有过度的、夸张的元素和视觉效果，不讲求视觉冲击力，很纯粹、很低调，但是消费者一旦了解了它背后的文化含义，便可以感受到它为消费者带来生活趣味、情怀；知晓了它的工艺或者原材料，往往也会很惊喜——它是如此璀璨，或者说令人感动。

“我觉得这就是东方的雅致生活方式。”蒋琼耳女士内心深处，有着深深的东方情结：“很多人，特别是欧美媒体谈到‘Made in China’，总觉得出不了精品。但我认为，在现代的中国，我们既有科技创造力，也有眼界——很多年轻的设计师在中国文化氛围里成长，再去欧美留学工作，有着双重的文化视野和经历——还有手工业的传承、文化的传承……万事俱备，上下就是要让欧美人和中国人知道，‘Made in China’可以代表高品质。这是世界第二次‘发现中国’的机会。”

从产品美学到生活哲学，上下不断推出新的作品，将东方雅致生活的艺术展现出来。但蒋琼耳女士认为，上下和奢侈没有关系，“中国古人生活的这种精致不是奢侈，那是一种情怀，是一种讲究，是一种生活艺术的创造”。

爱马仕通过联合创建上下，写出了自己开拓中国市场的方案，而 LVMH 则通过打破集团常规，走出了另一条路径。

是直接将产品销往中国，还是为中国专门研发一款产品，或是在中国新创一个品牌？这不仅仅一个商业决策，更在某种程度上决定了（母）品牌的发展轨迹。当业界人士还在探讨“中国能否创造出属于自己的奢侈品牌”时，全球第一大奢侈品集团 LVMH 已经选择用中国文化和物产资源孵化出一个全新的高端奢侈护肤品牌——“茶灵”（Cha Ling）。

这个品牌的创始人是 Laurent Boillot，他的另一个身份，是同属 LVMH 旗下的源自 1828 年的法国高端美妆品牌娇兰的全球总裁兼 CEO。

茶灵诞生的背后有一个美好的故事——20 世纪 90 年代末，德国生物学家马悠（Josef Margraf）来到中国云南西双版纳，进行热带雨林的恢复和再造工作。他和中国妻子李旻果采用了一种名叫“雨林再造农耕”的新型种植方式，恢复林中植物的生长，增加当地少数民族的收入。Laurent Boillot 先生在一次中国之旅中结识了他们，并与他们成为挚友。2010 年，马悠博士不幸去世，只剩李旻果一人继续保护雨林。作为挚友，Laurent Boillot 先生决定为之做点事。

但友谊和生意是两码事。当 Laurent Boillot 先生兴奋地将“用商业化的方式，创造一个品牌，以保护云南雨林”的想法向 LVMH 董事长阿诺特汇报时，却遭到了拒绝——习惯了以收购为手段不断壮大事业版图的阿诺特，似乎并没有自创新品牌的想法：“收购扩张是我们强项，创立品牌则像一场冒险。”

幸好 Laurent Boillot 先生没有放弃。在做好娇兰品牌的同时，他不断证明云南雨林出产的普洱具有抗皱、消炎、抗污染等美肤功效，终于获得了集团的肯定。于是，他被批准在集团内部孵化这一新品牌（内部以“J 计划”代称，意指 Josef Margraf）。娇兰为茶灵的创立提供了巨大的支持，就连茶灵的第一批工作人员都是从娇兰“跳槽”过去的。

2016 年 1 月，以中国云南“古树普洱”为主元素的茶灵产品在巴黎著名百货店 Le Bon Marché 亮相，首次上柜 26 个产品，价位在 20~250 欧元（约合 140~1780 元人民币）。随后，茶灵在中国香港海港城揭幕亚洲首店。2017 年 6 月，茶灵在上海兴业太古汇开设其在中国的首家旗舰店。

无论产品原料，还是使用方法，抑或美容理论，乃至品牌故事，茶灵都像在刻意讨好中国消费者。“茶灵正是中国的茶文化理念与法国对奢侈品的认知，以及高科技提炼技术相融合的一个中法对话的产物。”Laurent Boillot 如此解释。在茶灵的官网上，其被定义为“古树普洱护肤珍品”，传递融合了东方风情与欧美科技的具有内外兼修之美的生活方式。

LVMH 之所以打破常规，甘冒风险创立茶灵，或许是因为其捕捉到了中国新生代奢侈品消费客群的心态和需求变化。毕竟，以中国元素为中国客户定制一个中国品牌，是一种与消费者建立情感共鸣的大好方式。

“得中国者，得奢侈品天下”已越来越成为业界人士的共识。谁赢得了中国年青一代消费者的心，就赢得了中国奢侈品市场的半壁江山；而赢得了中国奢侈品市场的半壁江山，就意味着为品牌创造了一个光明的未来！

六

新中等收入群体崛起

2020年1月，国家统计局公布：经初步核算，2019年全年我国国内生产总值（GDP）为99.0865万亿元人民币，比上年增长6.1%，稳居世界第二位；人均GDP首次站上1万美元的新台阶。自2006年以来，中国稳居世界经济增长第一引擎的地位。2018年，中国对世界经济增长的贡献率为27.5%，比1978年提高24.4个百分点。

“人均GDP突破1万美元，意味着我们的经济规模更大，塑造更有利于我们的国际发展环境的能力增强，中国作为世界第二大经济体地位更加巩固。约14亿人口的巨大国内市场，也为世界各国拓展商机提供了重要机遇。”国务院发展研究中心宏观经济研究部副部长许伟评论道。人均GDP增加，代表可支配收入也在增加。收入决定消费，这就意味着中国消费规模还将持续整体扩大，消费升级也可以持续推进。

财经作家吴晓波在其“2019 吴晓波年终秀”演讲中提到了他对此的看法。

当一个国家的人均 GDP 超过 1 万美元的时候，会出现怎样的景象呢？我们发现所有国家都会面临三大共同课题。

第一，产业转型。正如我们在东莞厚街看到的景象，五六年前 5 万人的工厂到今天剩下 2000 人，那些劳动密集型的产业必须加速离开这个国家，这个国家的制造业面临一种脱胎换骨式的升级。

第二，出现新的消费人群。越来越多的人已经拥有汽车和房子，一个男生的衣柜里已经有 12 件衬衫，你怎么把第 13 件衬衫塞到他的衣柜里呢？新的审美、新的消费趣味、新的消费领域和品类如何出现？

第三，当人均 GDP 超过 1 万美元的时候，财富加速理论就会像魔鬼的咒语一样生效。当一个国家的资本投资回报率超过经济增长率的时候，财富会加速向少数人群集中。怎么能够在经济发展的同时，实现社会公平？

2020 年，包括未来的几年，中国会不会被这三个事情困扰？未来我们每天要讨论的是不是就是这三个问题：产业转型、消费升级、社会公平？

…………

今天我们所面临的是第三次“国货运动”，它和第二次“国货运动”的最大区别就是审美。当一个国家的人均GDP超过1万美元时，新中等收入群体会成为这个国家消费的主力，而这部分消费主力的本土文化意识会大规模地崛起。

今天，很多“80后”“90后”买回家的是什么东西呢？是跟我们文化相关的东西。今天中国所有的消费者中最“崇洋媚外”的是“60后”和“70后”，最爱国的是“90后”和“00后”。

“60后”和“70后”之所以“崇洋媚外”，是因为在他们成长的年代，中国是一个追赶型的国家，那个年代的孩子们体会过饥饿、贫穷，并有着深刻的落后感。

今天的中国，有300万汉服爱好者，他们的平均年龄在18~24岁。如果是手绣的汉服，价格为8000~20000元人民币。在座的“60后”“70后”还记得吗？当年我们工作以后拿到工资，第一件事情是跑到商场，给自己买一件西装，表示我是一个成年人、一个现代人。今天一个姑娘拿着工资买一件汉服，表示我是一个中国人。

传是传承，统是道统。这一轮消费者开始为传统买单了，小到服装家居，大到建发房产，都越来越多地从中国传统文化审美中汲取灵感，比如中式别墅中这种传统三进门基础上的创新，打造“新中式匠造”的理念。

人类文明史上所有的文化传统有两个承载，一个是思想，一个是物质，思想承载在文字里，物质可能是一艘船、一间房子、一个帝王的坟墓，我们通过这些物质来了解当年人们的传统是什么、文化是什么。

一个有意思的数据对比：1996 年中国票房最高的十大电影中，有 9 部都是国外大片，只有第 8 名《孔繁森》是一部中国电影，能进前十估计还是各单位大规模组织观影的结果。而在 2019 年票房最高的十大电影中，国产片占了 8 部——中国的消费者愿意为中国电影买单了。

我们再举个例子。七八年前，故宫是什么？它就是 600 年前皇帝待的古迹，我们买张门票进去逛一圈就出来了，它跟我们没有关系。但是今天我算了一下，我们身边的产品，从鞋子、冷饮，到一个胸针、一个书签、一本书，再到一个毯子、一个沙发，都可以跟故宫有关。

2019 年故宫相关的产品产值在 200 亿元人民币左右。我们今天把故宫的产品穿在身上，但为什么这件事不在十几二十年前发生？因为今天，当我们看到这个东西的时候，会想起它是我们自己的。文化是血液里的事情，我们血液中的文化基因在此刻被唤醒了。

回归到本书所研究的奢侈品行业及其消费群体，2019 年，中国人均 GDP 破 1 万美元大关之后，消费升级是否有所体现？

《中国奢侈品市场数字化趋势洞察报告（2021 年版）》显示，奢侈品消费年轻化的趋势继续深化。陆续进入而立之年的“90 后”很快将成为市场消费的中坚力量。1990—2000 年出生的客群占奢侈品消费市场人群的比例已达50%，市场贡献规模达46%，可以说到达了世代更替的转折点。成长在物质充裕、互联网兴起、经济高速发展的时代大背景下，他们对奢侈品的消费观念独树一帜，其需求场景、购买习惯和人群结构也与中国奢侈品的初代消费者大相径庭。

“世代更替”是当下中国奢侈品市场的关键词，需求趋势与行为特征既有变化，也有传承。在人群结构上，“90后”成为奢侈品消费的主力军，已达市场消费人群的50%，未来1年将继续维持25%~30%的消费增长；但已有的重度消费客群仍是重要支柱，年消费30万元人民币以上的人群占总人群的比例为11%，但贡献了40%的市场规模，且保持每年25%~30%的消费增幅，尤其愿意为品牌服务、产品保值属性等增加消费。

在消费理念上，“90后”群体更关注自我奖赏。新一代消费者自我意识强烈，购买行为受社交圈子推动，更看重“奖赏自己”及“品牌服务 / 体验”。

深入研究重度人群的消费心态，品牌服务、设计风格、品牌文化、特别款式产品和专业时尚资讯已成为吸引重度客群持续购买的重要原动力，需要品牌给予超越交易关系的独特周到的对待；风格的契合度尤为重要，品牌的风格吸引了一批特定的忠诚客群，客群本身也成了品牌的“布道者”；这个客群对品牌文化 / 历史非常关心，希望获得第一手的品牌信息，同时通过时尚资讯获得专业、客观的时尚观点；限量 / 联名款有效驱动重度客群的复购；相较而言，折扣、艺人和达人代言等对重度客群的影响程度降低。

2022年1月，胡润研究院发布的《2022胡润至尚优品——中国高净值人群品牌倾向报告》显示，中国高端消费市场规模已经增长到1.7万亿元人民币，除新冠肺炎疫情导致海外消费回流之外，更多源于中国奢侈品购物环境和条件的改善，以及产品丰富和服务提升。此外，消费者消费态度转变，比如奖赏和愉悦自己、增加精致型消费、购买上乘的产品，也是驱动中国高端消费市场增长的引擎。而对几个世界最大的奢侈品集团而言，中国市场销售额都占其全球销售额的1/3到一半以上。

其中，高净值人群选购高端品牌的主要原因依次为高品质（72%）、品牌知名度（65%）、时髦的设计（56%）和贴心的服务（55%）；超高净值人群更加注重高品质（87%）、品牌知名度（64%）以及贴心的服务（64%）。

由此可见，随着社会经济的发展、国民收入的提升，中国的需求和供给两侧都发生了重大变化。以往备受诟病的炫耀型、为他式消费心态逐渐减少，而享受型、悦己式的消费已成为年青一代及高净值人群的主要消费心态。

需求决定供给，企业家生产什么样的产品、怎么定价、卖给谁，都是由消费者决定的。当新中等收入群体成为这个国家消费的主力，而这部分消费主力的本土文化意识大规模地崛起，未来中国商业经济最大的机遇点和可能性在哪里？就在供给和消费这两端。

在供给端，从 1978 年，中国有很多产品不能自主生产，到 20 世纪 90 年代，中国仍处于短缺经济状态（只要你能生产出来产品，几乎都能卖出去），再到 2009 年，中国的汽车产量超过了美国，最终到今天，中国生产了全世界超过一半的消费品……中国如今有了强大的制造能力，甚至很多欧美奢侈品牌的代工厂就在中国。

在消费端，一些愿意为美好生活买单的消费者出现了。未来的中国商业变革的一个核心目标是什么？是满足人民对美好生活的追求。

国人对传统与现代的思考，助推了本土文化复兴。老祖宗留给我们的东西不应该被抛弃，但也不适合被原封不动地搬到今天。商务部评定全国级的老字号大概有 2000 个，各个县市级的老字号一共有 40000 多个，但如果它们的产品没有与时俱进，不能符合当代消费者的审美，那么这些老字号很可能仅仅是中国商业史上的一些名词。

任何一个中国公司和国际公司竞争时，至少有一个优势，叫作文化优势，或审美优势。当拥有审美优势时，我们在技术、渠道、商业模式上的主动权就会加大。正在进行中的第三次“国货运动”是中国崛起、民族自信与产业复兴共同造成的趋势——前两次分别强调日用品和生活电器的替代，而这次则强调生活方式的引领，既发生在实物产品层面，也发生在精神产品层面。

如果说改革开放的第一个 40 年我们取得了“水大鱼大”

的成就，现在则应该清醒地认识到新的消费群意味着“深度换水”（Z 世代——消费崛起，Y 世代——呼唤民族元素），并带来全新的消费理念。对他们来说，消费奢侈品（精品）不仅仅是对生活方式的选择、对自我价值的认同，更是一种重要的社交资本，他们在消费端推动商业生态从“产品价值创造”向“文化价值输出”转变。而这一大势，正是创造精品、打造高端品牌的利好与机遇！

第四章

优术：天时与地利之下的人和

我相信终有一日中国人会拥有自己的顶尖奢侈品牌。因为经营奢侈品首先需要制作工艺，而这中国人已经拥有了；其次还需要时间，而中国人可以慢慢花时间；最后需要想象力——中国人也已经具备。

我经常能碰到我称为“新兴文人”的中国人，包括艺术家，年龄在25到40岁。他们立足于自身文化的发展，而不会去单纯地模仿外来文化。我认为他们将是未来生态和可持续发展事业的领导者。

——Laurent Boillot，前娇兰全球总裁，LVMH唯一自创且主打中国元素的品牌茶灵创始人

一

大败局：全球第一大奢侈品集团LVMH的“茅台梦”破灭

欧美奢侈品牌何以让国人乐意购买？具有悠久历史的国字号品牌能否成为享誉世界的高端品牌？国人何时才会真正愿意为国字号精品买单？

这些问题的答案，都值得中国品牌去书写。在各大欧美奢侈品牌越来越“因中国而变”之际——毕竟，中国消费者是全球奢侈品行业的第一大购买群体，过去10年是，预计未来10年亦是，中国品牌又该如何作为？

以及，为了更进一步开拓中国市场，深谙奢侈品牌创建之道的欧美奢侈品牌掌管者，又会对具有悠久历史的（中国）国字号品牌如何作为？

全球第一大奢侈品集团 LVMH 与文君酒的故事，尤其值得复盘。回望 2007 年，它们当初的结合有多豪情万丈，那么 10 年之后，它们的分手就有多黯然神伤。

文君酒是什么酒？“一曲凤求凰，千载文君酒。”文君酒的历史与一段优美的爱情故事联系在一起：西汉才女卓文君为了追求真爱，毅然离开权贵之家，淡妆素裹地与大才子司马相如当垆卖酒，成为千古佳话，令无数文人墨客神往。

文君酒产自四川邛崃。此地有何神奇之处？“蜀中多名酒”，说到中国白酒，绕不开四川，而说到四川白酒，更绕不开邛崃。邛崃是中国最大的白酒原酒基地，被称为“中国酒源”。早在 2300 多年前，邛崃筑城置县后，酿酒业就十分兴旺。

美丽动人的历史传说、得天独厚的自然条件、2000 多年的酿酒历史，使文君酒一出生就带着“贵族基因”。20 世纪 90 年代初，文君酒与五粮液、泸州老窖、剑南春、沱牌曲酒、全兴大曲、郎酒这“六朵金花”并驾齐驱，年销售额近 2 亿元人民币；但到了 20 世纪 90 年代末，文君酒却面临经营不善、资不抵债的困境，有着优雅古典之美的文君酒沦落到三度易主、“身世浮沉雨打萍”的无奈境地。

2000 年，蓝剑集团出资 1.2 亿元人民币全资收购文君酒厂；2001 年，蓝剑集团引入剑南春集团作为战略投资者，后者持股 62%，成为文君酒的控股股东；2007 年 5 月，剑南春集团与 LVMH 完成股权等各项移交事宜，后者投资 2500 万欧元持股 55%（另 45% 由前者持有）。至此，文君酒成为中外合资品牌，这也标志着外国企业首次正式进入中国白酒生产行业。

LVMH 在酒界有多强势？LVMH 全名酩悦·轩尼诗-路易·威登集团，1984 年由做箱包的路易威登（Louis Vuitton）与卖酒水的酩悦·轩尼诗（Moët Hennessy）公司合并而成；1987 年，阿诺特通过资本市场取得了它的掌控权。秉持“买买买”的作风，他将 LVMH 缔造成为全球规模最大的奢侈品集团（当家品牌为路易威登与迪奥），集团主要业务包括以下 5 个领域：葡萄酒及烈酒、时装及皮革制品、香水及化妆品、钟表及珠宝、精品零售。

在葡萄酒及烈酒领域，LVMH 拥有以下品牌。

静止葡萄酒：滴金酒庄（Chateau d'Yquem，波尔多最出色的甜白葡萄酒生产商）、白马酒庄（Chateau Cheval Blanc，波尔多“八大名庄”之一）、云雾之湾酒庄（Cloudy Bay，全球公认的白葡萄酒标准生产商）、安第斯白马酒庄（Cheval des Andes，跻身全球品质最高、最负盛名的葡萄酒品牌行列）、安第斯台阶酒庄（Terrazas de los Andes，阿根廷高品质葡萄酒领军品牌）、曼达岬酒庄（Cape Mentelle，澳洲领先的赤霞珠葡萄酒酿造商）、纽顿酒庄（Newton Vineyard，加州葡萄酒业的先驱）……

香槟等起泡酒：酩悦香槟（Champagne Moët & Chandon，享有“皇室香槟”之美誉）、唐培里侬（Dom Perignon，号称“香槟王”，法国顶级香槟品牌之一）、库克香槟（Champagne Krug，号称香槟界的“劳斯莱斯”）、凯歌香槟（Veuve Clicquot，皇室贵族及名人雅士之选）、夏桐酒庄（Chandon，高端起泡酒品牌）……

烈酒：轩尼诗（Hennessy，全球干邑行业的翘楚）、格兰杰（Glenmorangie，国际顶级单一麦芽威士忌品牌）、阿贝（Ardbeg，威士忌行家之选）、雪树伏特加（Belvedere Vodka，全球奢侈伏特加品牌）……

当初，LVMH 将文君酒纳入怀中时，它们向市场传递了一个“茅台梦”的信号。一方有情（也很有钱），另一方有意（想加入大集团），它们会再度谱写当代的“文君与司马”之佳话吗？

收购之初，时任轩尼诗亚太区总经理贝靖康在接受媒体采访时披露：轩尼诗将花费 5~10 年将文君品牌打造成高端奢侈品牌，并试图在中国寻找类似法国干邑区之于白兰地的重要性的优秀白酒产地。

2007 年，叶伟才被任命为四川文君酒总裁。作为轩尼诗为数不多的华裔高管，他在轩尼诗已工作 28 年，长期负责中国地区以及东亚市场的品牌及销售工作。不过，一直做洋酒生意的他坦承自己当时对中国白酒一窍不通，“但我愿意做有挑战的事”。

与叶伟才的踌躇满志不同，当时的文君酒却是一番破落景象。酒厂设备严重老化，没有正规的办公楼，基本没有公共设施。“厂里堆积的全是煤渣，一到下雨天整双鞋都报废。”原酒也难以保障，在并入剑南春的那段时期，文君酒厂一般会把头酒（品质最好的原酒）供给剑南春做高端酒，剩下的才交给文君酒，那时文君酒的价格为20~100元人民币/瓶（500毫升）。

背靠全球第一大奢侈品集团，叶伟才做出一个重大决定：砍掉所有的低端产品线，并停掉所有订单的生产。为此，他们不得不支付大笔赔偿金。“新文君连续7个月没有经营收入，我们决定将所有头酒集中起来，准备在此基础上开发新的文君酒。”叶伟才曾向媒体透露。砍断低端产品线、停产、支付赔偿金，LVMH用壮士断腕的魄力和勇气诠释着文君酒的凤凰涅槃。

尽管LVMH有渠道、资金、营销人才，但毕竟也是首次涉足中国白酒领域，要打造高端白酒品牌，应该如何保障品质？应该如何确定产品的口味和特点？应该如何传承文君酒厂的古法技艺？

叶伟才找到酿酒界传奇女性大师吴晓萍。正是她，亲手调制出国窖1573、酒鬼酒内参等白酒市场顶级精品。“三顾茅庐”之下，吴晓萍于2009年加盟文君酒，担任首席调酒师。

在她的带领下，文君酒陆续推出主力产品“文君”、高端产品“天弦”（零售价1500元人民币/瓶）与限量版产品“大师甄选55”。对此，国家泰斗级白酒专家品鉴团的酒体风格鉴评批语是“甜润幽雅，蕴含众香”，评价颇高。吴晓萍笑称：“喝文君酒，你会有四个反应：不知不觉喝多了，不知不觉醉了，不知不觉醒了，不知不觉又喝了。”

除了酒品本身，新文君还抛弃了原有的包装设计。时任LVMH轩尼诗公司全球总裁Bernard Peillon曾说：“酒瓶的意义，与香水行业非常相似。”叶伟才从伦敦请来曾为轩尼诗设计酒瓶的设计师，从一把当时正在被拍卖的唐朝木琴获得灵感，设计出一个像有三根弦的木琴的酒瓶（寓意为凤求凰），以及专门与之匹配的酒樽和酒杯。而在瓶塞设计上，文君酒将中国传统白酒塑料塞改为天然软木塞，这既不容易洒漏，也能防止白酒蒸发。“这些软木塞全部从法国进口，玻璃瓶亦是纯手工吹制的，一只酒瓶需要 6 名工人花费 4 个小时制作。”

新产品设计出来了，包装也完美升级，但旧文君酒厂生产设备落后，整体质量无法得到保证。于是 LVMH 投资 600 万元人民币建立燃气锅炉房，替代原有的煤炭锅炉房；同时还翻修厂房，高薪聘请工作人员，并投资上亿元人民币，于 2009 年建成传承与展现文君酒文化的文君庄园，仿川西民居，又融合了欧美元素。

有人笑言“文君酒把钱花在砖头上，而不花在广告上”。话音刚落，文君酒便与姜文携手了——2010 年，姜文因其对电影作品孜孜不倦的追求，同文君酒对品质和对生活艺术的态度相同，受邀成为文君酒形象代言人。姜文倾力出镜，完美诠释了文君酒的理念——“我相信，只有坚持，才会把事情做到好！哪怕是百里挑一，都是为了找出精粹所在。文君酒，让我品味那份陈香醇厚的底蕴！”

叶伟才认为：“只有当文化和消费者对品牌的消费体验紧紧联系在一起，并影响到消费者的行为和生活时，文化内蕴才能转化成品牌价值，进而赢得消费者的喜爱和忠诚。文君有马上赚到钱的方法，但从来不急功近利，不会为赚钱而盲目提高产量，需要练好内功品质。”

至于销售渠道，文君更是具有先天优势。依托 LVMH 遍布全世界的销售终端，文君酒迅速在亚太地区多个主要市场正式发布，包括中国香港、中国澳门、新加坡、韩国、日本、菲律宾及澳大利亚，并进一步向欧洲主要国家及地区拓展，包括法国、德国等几个主要的大机场免税店。

仅仅花了 5 年时间，叶伟才便将文君酒带入了 LVMH 轻车熟路的奢侈品牌打造路径——历史悠久的文化沉淀、美丽动人的爱情故事、名家设计的酒庄会所、顶级调酒师的巅峰力作、不菲的定价、系出名家的奢华包装、格调高雅的重磅宣传广告……文君酒被赋予了众多奢侈品的符号。

至高峰时期，文君酒从剑南春集团旗下售价几十元人民币的低端白酒，华丽转身为售价上千元人民币乃至两千元人民币的高端白酒，架势直逼茅台。不过，叶伟才并不打算直接与茅台较劲，“我们没有把茅台作为目标。我们还是要看到自己脚下，不敢望得太高、太远”。

谦虚的表态之下，也不能忘记 LVMH 收购文君酒时的初心：“将文君品牌打造成高端奢侈品牌！”但梦想会照进现实吗?

2017 年 1 月 15 日，有酒行业媒体报道，“剑南春全资控股文君酒”。由原先的 LVMH 与剑南春共同持股变更为剑南春全资持股，LVMH 彻底退出。行业内曾经流传的“由于文君酒销售不振，拟由剑南春回购外资股份”之传闻终于变成现实。

曾经的“小甜甜”如何变成了今天的“牛夫人”？

在2007年的收购之前，LVMH选定了20多家酒企，历经5年的评估与谈判，根据产地、文化等多方面进行筛选，最终才选定文君。

“我们将花费5~10年将文君品牌打造成高端奢侈品牌。其后，和洋酒在华南市场占据重要位置一样，文君酒主攻广东市场。”收购时的豪言壮语仍在耳边，而到了2016年，一位经销商向媒体透露：“目前文君酒主要在广东、河南、湖南有一定的销量。估计去年文君酒销售额不足1亿元人民币。”

文君酒的业绩并非一直难看——自2008年1月重新上市以来，文君酒在2009年的开瓶率比上年增长140%，2010年同比增长90%。在叶伟才看来，经过摸索与调整期，文君酒销量已慢慢进入健康快速增长阶段，2012年还保持着30%~50%的增幅。

然而，这离“占领中国高端白酒市场5%的份额”之目标依然有着很大的距离。尽管LVMH并不着急，但也并不意味着文君酒拥有随心所欲的自我成长空间。10年之间，随着大量的营销投入与基建投入，文君酒终因营销模式上的水土不服，困于收支的持续不平衡，渐成LVMH在中国的包袱，最终LVMH不得不舍掉文君酒。

回顾当初，文君酒在被LVMH控股后，一反之前的低端打法，开始瞄准高端消费市场，旗下多款产品售价均为千元人民币左右，尤其是“天弦”售价高达1500元人民币/瓶。当时便有业内人士指出，无论是从品牌影响力还是从窖池保护情况来看，文君酒卖到上千元人民币的说服力都不够，市场恐难支持。

再看销售渠道，LVMH 收购文君酒是为了补充产品线，并借文君酒的影响力推进轩尼诗商品在中国的销售，而文君酒也可借助轩尼诗在华南市场的销售渠道提高业绩。然而事与愿违，洋酒的消费对象、产品特点和白酒差异很大，最终，文君酒销售不振，甚至一度沦为与轩尼诗搭售的附属品。

与茅台、五粮液等高端酒渗透市场、做大品牌的路数相反，被 LVMH 收购后，文君酒将重点市场调整到了珠三角、长三角，打入富人圈子，并没有进行大招商，甚至对销售渠道进行了收缩，着重布局餐饮零售渠道，直接对接大客户终端。

文君酒厂没有选择白酒行业惯用的套路——先是大投广告，再把货品填鸭式地压到经销商头上，而是延续 LVMH 销售洋酒的一贯作风，不断在终端与消费者进行面对面沟通。叶伟才认为：“文君酒的主要渠道是餐饮，这是消费者真正把酒喝到肚子里的一个现场，在现场我们有更深入、更直接的沟通。广告说了半天，闻不到味道也白搭，只有把酒喝到肚里才能有深刻感受。”他经常指导市场人员联合餐饮、零售终端等邀请 VIP 会员参加文君酒品鉴晚宴，但也由此将文君酒定位为小圈子里的小众产品。

LVMH 在收购文君酒之初，就设计了一条中国白酒品牌都没有走过的路，意在“建立一个奢华白酒品牌”，但历经 10 年光阴，无论是从白酒文化角度，还是从市场规则角度，抑或是从渠道运营角度来看，它都没能深入理解“具有中国特色的中国白酒市场”，最终唯有一别两宽。

业内普遍对洋酒企业运营本地品牌持谨慎态度。一方面，国际酒商惯用的品牌和运营法则，在短期内对中国白酒的效用并不明显。LVMH 采取高端策略，在细分市场进行精细化开发运营，从长远看是有价值的，但是与现有市场情况不符，当时文君酒的品牌远不如茅台、五粮液等老牌白酒，“麻雀变凤凰”缺少说服力。另一方面，成功的洋酒品牌的既有渠道网络也难以产生协同效应，在业绩考核的压力之下，文君酒甚至成为轩尼诗的搭售商品，价格体系混乱。

这一系列问题让文君酒逐渐淡出了白酒市场，尤其是在经历了 2013—2015 年的白酒行业大调整之后，文君酒更是沦落到了白酒市场的边缘。但回顾这一商业历程，LVMH 对企业品牌的解读、工匠精神的挖掘等仍然值得国内酒企好好学习。

作为参照，以茅台为代表的酱酒在 1 年的酿制周期内要经过 2 次下料、9 次蒸煮、8 次发酵、7 次取酒（酱酒行业称之为“12987”工艺），再储存 3 年以上，从生产到出厂必须历经 5 年以上时间。若存放 10 年以上，酒水的口感更是绵长醇厚——这种经由时间酿制的舌尖绝味，方可匹配经得起考量的商业价值。

对于缔造品牌而言，在资本横行、流量当道、创业传奇层出不穷的今天，10 年光阴是足够长，还是太短了？

在本章，我借助“六力”模型，分享我对中国高端品牌构建方法论的思考（见图 4-1），希望能给大家一点启示。

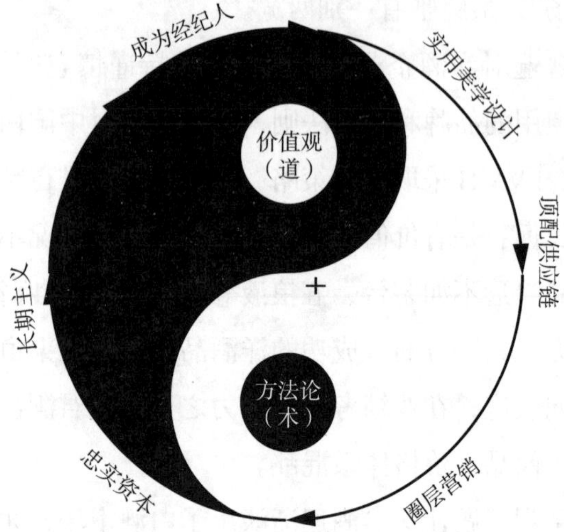

图 4-1　中国高端品牌构建方法论——“六力”模型

“六力”模型，即“人才力”（成为经纪人）、
“设计力”（实用美学设计）、“链接力”（顶配供应链）、
“营销力”（圈层营销）、“资本力”（忠实资本）、
“长期力”（长期主义）的简称。
六个维度的力量聚合，构成了打造一个高端品牌的基本框架。
“六力”模型可分为“道”与“术”两个层面，
恰好体现了高端品牌制造精品的实质——
它既是精美之物（具有实用性），
也是精致之品（带来愉悦感）。

二

人才团队——从手艺人到“经纪人”的蜕变

从手艺人到创业家，要实现这一跨越，得迈过多少道槛？若想打造精品，必须拥有精湛工艺，但精湛工艺与（深受客户追捧的）精致产品之间还横亘着无数道鸿沟。

欧美奢侈品牌的创始人，几乎都是拥有精湛手工艺的匠人。比如蒂埃利·爱马仕，他为巴黎上层贵族制造精美的马具用品；又如路易·威登，他是欧仁妮皇后（拿破仑三世的妻子）最信任的行李箱专家，上流社会的客人蜂拥而至；再如马里·艾蒂安·尼铎（Marie-Etienne Nitot），他是拿破仑一世的御用珠宝匠，于1780年创立了珠宝及奢华腕表品牌尚美巴黎。

而反观国内的匠人，特别是最具典型代表性的“非遗”工匠，他们往往面临着三重困境——专注于制作，不考虑市场；执着于钻研，不善于传承；沉迷于传统，不主动创新。在这三重困境之下，其手工艺在现代商业时代彻底“失声”。

我看过很多“非遗”相关纪录片，很欣赏工匠沉浸在自我创作中的专注与付出，但也对他们“作品没有市场”“技艺后继无人”的处境唏嘘不已。“不被消费，必然消亡。”如果一项“非遗”连进入博物馆的资格都没有（这是被政府财政“消费”的一种方式），那么它的消亡，与该项目的传承思维、方式一定脱不了关系。

商业是有效的保护，使用是最好的传承。如何才能让“非遗”走进当代人的日常生活，而不只是摆在展柜中、挂在墙上的艺术品？如何才能让“非遗”的直接或衍生作品被年轻人喜欢，而不只是作为老一辈珍藏的“老古董”？

我并非否认古董的价值，我也并不认为所有的“非遗”等手工艺都必须审美现代化与作品商业化，但如果它们的与时俱进及适时而变能为国民的美好生活带来更精致的物质享用与精神愉悦，那为何不做出改变呢？

现代商业的高效率降维打击了手工艺的“慢工出细活”，传统手工艺的作品与审美已经与当代生活方式格格不入，“非遗”作品不被市场认可，手艺人生活难以为继，复杂的传统工艺品因为售价低廉而遭到年青一代人的嫌弃……这些都提示传统手工艺亟须做出改变了。

最应做出改变的，是匠心。匠艺难得，但匠心更难得。我曾经在广东东莞偶遇一位皮鞋制造商，与之有过一番对话——他依靠代工完成了原始积累，但当时正面临着痛苦的抉择：若是放弃此工厂，于心不忍，毕竟他干了大半辈子，只会做这一行，且依靠它过上了体面的生活；若是继续运营工厂，将不得不面临政府优惠政策终结（产业升级政策下，东莞产业向高科技、高附加值领域转型）、“中国制造”红利期结束（土地、人工等成本大幅攀升）、代工单子越来越少且利润越来越薄，乃至子女不愿意接班（认为制造业太辛苦）等种种困境。如何破局？他想到了自创品牌，并高薪聘请了一大批设计师组成顶尖团队。

我问了他一个问题：“你们团队知道人的脚掌有多少块骨头吗？”他愣了一下：“我们团队中没有研究人体解剖的，怎么会知道呢？再说了，这跟做鞋有什么关系？”

我告诉他，被誉为“名人御用皮鞋匠”的萨尔瓦托勒·菲拉格慕为了找出永远合脚的鞋履的制作秘诀，去洛杉矶大学修读了人体解剖学，掌握了有关人体的重量如何对脚掌造成压力的知识，设计出加入铁片的鞋子以加强鞋子在拱位处的支撑力；又旁听化学工程及数学课，学习护理皮肤及使用不同物料的新知识和新方法……何为匠心？这才是。

如何才能找到这份匠心？或许它是天生的，是发自内心的，无须刻意训练。在《从优秀到卓越》（*Good to Great*）一书中，有一章关于“为什么要实现卓越”的叙述，摘录如下。

一次，我为来自斯坦福的一群学生举办研讨会。间息时，一位学生眉头紧锁，他过来对我说："或许是我不够有野心吧！可我真的不想拥有一家大公司，难道这也有错吗？"

"一点也不！"我回答说，"优秀和卓越与否并不能看公司规模大小。"他停顿了片刻："好吧！我接受这一点，我无须为了拥有一家卓越的公司而去建一家大公司。但即便如此，我为何偏要去建一家卓越的公司呢？如果我只想获得成功，那又怎样？"

这个问题顿时令我哑口无言。这并非出自一个懒惰的人之口。这位学生年轻时便已建立了自己的事业，后来念完了法学院，研究生毕业后成为一位责任心很强的企业家。他有着超乎常人的精力，洋溢着极富感染力的热情。在我多年来结识的学生中，他是我认为最有可能成就一番事业的一位。然而他却对建立持续、持久卓越的公司的想法表示怀疑。

对于他的疑问，我能给出以下2个答案。

首先，我认为建构卓越不比建构优秀更难。从统计数字看，或许只有极少数的公司才能到达卓越的境地，但这并不表示建构卓越要比恒久平凡经历更多的磨难。事实上，如果说我们研究的公司显示出什么迹象的话，那也是更少的磨难。

要说明一点，我并不是在暗示从优秀到卓越很容易，或者每个组织都能成功地实现这一飞跃。并非每个人都会胜人一筹。但是我断言，那些努力变优秀为卓越的人会发现：这一过程并不像甘心沉溺于平庸的麻木之人所想的那样辛苦耗神。是的，从优秀到卓越的确消耗精力，但是形成的动能会因为团队注入更多的能量，远远多于它从中汲取的。相反，持续的平庸本质上是一个令人沮丧的过程，它从团队积蓄的能量中抽取的远比它重新注入的多得多。

其次，关于“为什么要变得卓越”这一问题，还有另一个答案，即埋藏在我们内心深处，激励我们去从事一项计划的源泉：寻求意义。更确切地说，是寻求有意义的工作。如果你正从事你十分在乎的事业，而且你坚信它的目标与宗旨，那么很难想象你不会去努力使它变得卓越。一切都是顺其自然的。

你无须列出什么冠冕堂皇的原因，说明你为何热爱你所做的，或者去证明你深深在乎你的工作（尽管你可能会这样去做），重要的是你确实热爱它、在乎它。因此，“为什么要变得卓越”这个问题几乎是毫无意义的。无论原因如何，倘若你从事的是你热爱而且在乎的事业，那么便无须回答这个问题。因为问题已不再是为什么，而是该如何去做。[①]

由此，对有志于创建精品品牌的手艺人、创业者而言，执着于手工艺本身，或陷于流量而迎合消费者，都并非长远之计。

除匠心及发自内心深处的热爱之外，还得进行“三维圆

---

① 吉姆·柯林斯. 从优秀到卓越 [M]. 俞利军，译. 北京：中信出版社，2006.

心”（见图 4–2）的聚焦——贯穿古今（与时俱进的审美表达），融合中西（横跨中西的沟通方式），兼备虚实（兼备虚实的产品属性）。此外，还要完成从手艺人到“经纪人”的蜕变——手艺人仅需沉浸于自我世界，而经纪人则需考虑并平衡员工、股东、供应商（上下游）、消费者、政府、NGO（Non-Governmental Organization，非政府组织）等多方利益主体，以求形成“命运共同体”。

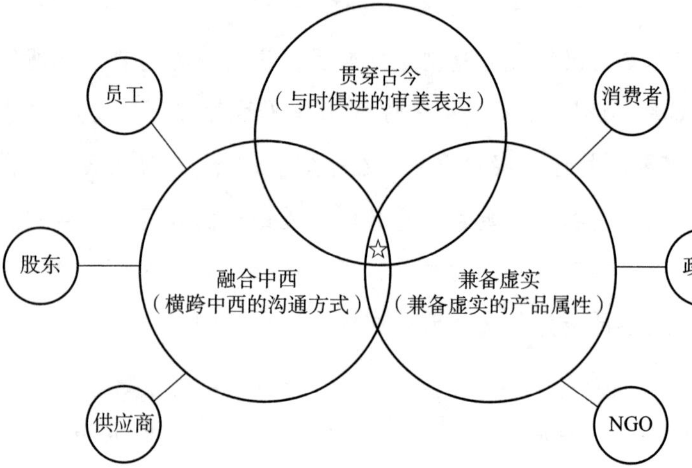

图 4–2　高端品牌创始团队的标准——“三维圆心”经纪人

这就是我提出的“三维圆心”经纪人概念的含义。只有达成了以上要求，方才具备创建高端品牌的团队基础。但仅仅有基础，并不意味着一定能创建成功。特别需要说明的是，“三维圆心”经纪人指的是一个团队整体，而非某一个人。在现实世界里，能完美地做到“三维圆心”的个人也极少。若有，实属现象级的存在。

作为高端品牌的创始 / 运营团队，“三维圆心”经纪人还有 3 个更实际且具体的标准。

第一，有钱。公司账上存留的现金至少能保证未来 18 个月的正常运营所需，且团队各成员对应承担的现金额度不得超过个人（家庭）总可变现资产的 30%（以各自出资比例为基准计算，且不建议个人不投入、纯靠外部融资而创业），这意味着即使创业失败，也不会实质性地影响每一位创业者的个人及家庭生活，从而保证了他们有相对从容的事业心态。

第二，有闲。如果说，在改革开放的第一个 40 年间，特别是在早期，个人是为了实现命运的转折（俗称“平民逆袭”）而选择创业的话，那么在当下消费升级的新商业时代，个人必须有匹配的闲情逸致与内心热爱方可去创建生产精品的高端品牌。所有的出发点皆因“我热爱它，我享受它”，团队成员有足够的耐心与从容的心态去面对所遇到的一切未知情况。

第三，有品。什么样的品位才算与创建的高端品牌相匹配的品位？你得真正热爱所在行业最高级别之高端品牌的精品（比如你创建了一个箱包品牌，那对标的品牌就是爱马仕与路易威登等），并能说得出它的美好之处（依照“三维圆心”去描述），能付费成为它的消费者（用金钱表达你对它的认可），且团队成员的做事心态、终端零售门店的呈现等，都得与之相匹配。比如，若你想要创建“中国的路易威登”，那你的零售店门口的地毯就不能是随便在电商平台上购买的 39 元人民币 / 条的包邮廉价款。

最后，需特别强调一点：创建生产精品的高端品牌并非每个创业者的最终归宿，商业世界足够多元与精彩，OEM 代工、大众消费品牌、轻奢品牌……只要合法经营及诚信纳税，都是值得被肯定的商业形态。创建高端品牌只是一种选择，不必人人都去做，但却是每个国家、每个时代都需要有人去做出的一个美好选择。

三

产品设计——以消费者为导向的实用美学

根据业内理论，好的产品设计应该做到以下 4 点：第一，设计的产品应是先进的、高质量的，能满足用户使用需求；第二，产品的制造者和使用者都能取得较好的经济效益；第三，从实际出发，充分注意资源条件及生产、生活水平，做出最适宜的设计；第四，注意提高产品的系列化、通用化、标准化水平。

若要创建生产精品的高端品牌，其产品设计就必须符合“以消费者为导向的实用美学”的原则。既要实用，又要有美感，且是站在消费者的立场，以其使用场景为导向的。

我在此分享 3 个案例，来看看它们的实用美学设计。

第一个案例，是上下的“桥”系列竹丝扣瓷茶具。2008年，爱马仕携手中国设计师蒋琼耳共同创立了上下品牌，致力于用顶级工艺来呈现一种绚烂而平淡的东方雅致生活。在其推出的产品中，极具代表性也备受市场追捧的“桥”系列竹丝扣瓷茶具便是手工竹编（来自成都）与高温白瓷（来自景德镇）这两种截然不同的经典工艺创造性融合的产物。

传统的单根竹丝编织仅能做出平面的瓷胎竹编，而上下的竹丝扣瓷则是一种“双线交叉走丝”的立体编织工艺，经篾和纬篾都增加到2根，编织的空间发生了变化，编织效果也完全被改变了。所用竹丝更细，每一根厚度都不足半毫米。“我始终觉得竹编手艺是骨子里带来的东西，是这里的先民们与生俱来的自然的灵气。”一位竹编师傅如是说。

将精心编制的细腻竹丝，覆盖在白瓷胎体之上，二者巧妙契合，使得茶具更好地保温隔热。它完美地融合了创意性与实用性，并将“非遗”工艺带入了日常生活，呈现更深层次的茶文化底蕴与精致的生活艺术之美。

第二个案例，是向丁文化推出的托特包。2010年，爱马仕迄今唯一的华人皮具工匠孟向山回国并与好友开设了工作室。历经多年设计酝酿和试制修改，他们推出了堪称实用美学设计典范的托特包。

如何用艺术的设计和最高级别的工艺呈现最经典的基础包款——看似简单方正的购物袋？这是孟向山给自己出的一道难题。最终，这款为都市女性量身定做的、有棱有角有态度的托特包诞生了，它代表了现代女性时刻保有的优雅姿态——不失言、不失范、不失态。

为了体现随性而不慵懒、柔美却有气质的感觉，这款托特包相比普通托特包有较大的改变，无论是挎是拎，或是随手一放，都不会垮塌变形。这看似简单的要求，考虑到托特包四面一底外加两根提手的购物袋款式，其实很难做到。

设计稿经过不断修改，终于在保留托特包精髓的同时，找到了解决方案，即两个侧面和包底采用拱形曲面设计。但因此，技术难度却几何倍数加大。于是，他们从皮革的厚度、韧性和拼贴，到走线的方向、收口与受力计算，经过反复试验，才得到最完美的弧度和最稳定的呈现。

贯彻和实现设计理念，还要靠工艺细节体现审美。细看，每根线条处理都很讲究，平整但不板直，这些线条组合起来形成了透视感。包底微拱更易放置，包口自然微收保护隐私，这都是在考虑如何更好服务使用者后，对传统托特包做出的改进。

即使是最易被忽略的提手，每一个细节也都被精心考量过。提手与包体的连接底座采用菱形设计，棱角分明，与整体审美融合，又增加受力点，稳定耐用。提手中间内侧与手指接触部分采用拱形突出设计，形成最契合手感的弧度。可以说这款托特包将工艺细节做到了极致。

第三个案例，是半木的中式家具。半木于2006年创立于上海，是致力于展现当代东方生活方式的高端原创家具与生活品牌。“半木”取自“取半舍满，以木为聪”，“半”表示对器与道浑然一体的极致追求，也是一种平衡物质与精神的愿望；“木”则表示对以木为代表的蕴含时间与生命的各种材料与形式的探索。

将精致的材料、人体工学以及卓越的手工艺与东方智慧创新结合，半木希望能给喧嚣繁杂的都市生活注入一份内心的从容与宁静。“人体工学是一门艺术。很多人只知道欧美人普遍身材高大，但并不知道欧美人与亚洲人的区别不在于上半身而在于腿部。如果产品的设计不是为你来服务的，那就算不上是一种真正的关爱。还有结构力学，结构会跟人体产生联系，支撑方式也会跟地心引力产生关系。设计是因势而生的美学，而不是想象表达的美学，最舒服的形态才会产生美，美是可以经得住时间考验的。”

“好的设计精确构建某种特定关系，从而赋予人与环境持续共振的能量。如同一个翻译者，把个人的需求，或个人的焦虑、痛点用一种设计的方式连接工艺者、连接市场。构建这种关系，产生共振，然后慢慢聚集起来，重新定义更多事物，为我们的未来创造更多可能性。”这就是品牌创始人兼设计总监吕永中的设计理念，他希望以精致的方式呈现东方文化。

在他看来，中国不缺一家家具厂，世界也不缺。半木有几种木材选择，美国黑胡桃木、美国白蜡木和非洲桃花芯等。半木所选的美国进口的胡桃木都有标号，且都是伐一片林的同时，再种一片林。“用国外的材料，以东方的设计来呈现，不砍本土的树。”这是他们存有的一点点“私心”。以往国外品牌总是把中国的材料运到他们那里加工再回销至中国；作为中国人，吕永中希望以这样的方式，反其道而行之。

中国设计师在产品设计等领域的竞争中不占优势，但在对木头的使用上，包括榫卯方式等各方面并不输于国外同行——半木的家具以手工为主。首先，传统的手工榫卯是洋钉螺丝这样的金属材料无法替代的，这种方式使得家具在牢固度上有了可靠的保证；其次，手工榫的方式相对机器榫来说在精确度的要求上高很多，机器的榫眼是死的、一成不变的，而手工榫则存在变化的可能性，可以根据木料的实际情况进行微调（甚至要关注使用者生活在北方或南方，而选择不同干燥度的木料），能够更长久地保存和使用。

以上 3 个案例，皆为实用美学设计的典范。在全球奢侈品行业，这样的设计案例数不胜数。对于高端品牌的打造而言，实用美学设计只是基础的第一步，它背后还涉及一个更重要的商业课题——产品设计的那一条曲线，意味着美感，也意味着成本，更关乎产业链效率。

正如吕永中所言：“在中国做设计的最大难处就在于合作。合作牵涉不同的方面，施工、建筑、投资、设计团队，等等，时间要求又非常紧，所有的一切都在动态变化中，实际上是非常难的一件事。整个团队都坚持把设计放在一个重要的位置上，是我自己感到比较欣慰的。”

而对于产业链的整合之难，上下有着更切实的体验。从诞生之日起，上下就定位明确——要将中国传统的高超手工艺与当代设计相结合，创造出既能体现东方美学，又适应现代生活需求的高端精致产品。这个定位使蒋琼耳面临的最棘手的问题是——手工技艺从哪里来？

从大环境来说，中国高端的手工艺产业链是不完整的。“我们经常谈到的高端品牌、上乘的设计，一定跟手工艺有关、跟高级工匠有关。欧洲能产生很多高端品牌，是因为这个产业链在欧洲是非常成熟的，你有好的项目，就可以找到非常稳定、有系统、有组织的作坊或者供应商来帮你一起完成这些想法，且有一个品质标准摆在那里。”

但在中国，蒋琼耳面临的是一种尴尬的局面——手工产业非常零散，每个小作坊的成员从几个到几十个人不等，标准也参差不齐，都是各自的标准。这些作坊也没有很好的管理，不能保证相对稳定的品质标准、时间安排以及工作环境。

在这个过程中，上下团队除了做设计、做创意、做品牌、做文化，还花了很多时间陪伴、帮助手工艺人及作坊的发展。他们要解决的现实问题有两个：第一，如果上下只是自己跑在前面，而后面的手工艺人都跟不上的话，那也没有办法将设计按照设定的品质做出来；第二，若没有一个稳定的商业平台，中国传统手工艺极难往下传承。当有一个稳定的、高端的商业平台来支撑的时候，好的手工艺才能传下去。

上下在产品的生产过程中不断构建这一产业链。曾经有很多产品在研发阶段时，团队跟手工艺老师傅合作得挺好的，可一旦产量上去了就会脱节，次品率很高。手工艺品虽与机器开模制造的东西不同，可以允许有一点偏差，但必须有一个标准。于是，上下的产品研发周期从最初计划的半年，到最后花了两年，甚至更久，逐一攻克了很多技术上的难题。

“所谓的奢侈品，其实就是时间和情感的积累。奢侈品牌的崛起，并不是靠政府的帮助与中国元素的注入便能成功的。中国缺的不是钱，而是耐心。如果有中国奢侈品牌崛起，无论是中国企业做的还是外国企业做的，那它除了有经济能力，还要具备一定的理解能力。”展望未来，蒋琼耳依然充满希望。

四

供应链——“积木式创新”的全域顶配

经历了退市风波的瑞幸咖啡（Luckin Coffees），现在活得还不错。2022 年 3 月，瑞幸咖啡发布 2021 财年财报，称其净收入达 79.65 亿元人民币，同比增长 97.5%；而另一个数字是，瑞幸咖啡门店总数截至 2021 年末已达 6024 家，超过了星巴克中国的 5557 家，成为中国最大的咖啡连锁品牌。此外，瑞幸 2021 年月均交易客户数（包括合作商店的客户和仅使用免费优惠券支付的客户）在大幅增加，从 2020 年的 971.20 万人增加到了 1622.90 万人……财报一出，网友纷纷评论“瑞幸又活了”。

瑞幸咖啡并未改变数字化门店的“互联网模式”，但减少了补贴和发放大额优惠券等烧钱的行为，逐渐趋于稳定发展。

时光倒回至2017年10月，瑞幸咖啡第一家门店在北京银河SOHO开业。从“零”到“爆”，只用了5个月——至次年3月，它已在北上广深等13座城市开设门店60多家；进入4月，开设门店300多家……

爆品专家金错刀曾撰文指出，瑞幸咖啡之所以能“修炼成精”瞬间引爆市场，是因为其掌握了新零售最本质的绝密武器：站在新消费的大背景下，从商业维度对传统咖啡业态进行革命性升级。

就在瑞幸咖啡处于快速崛起的风口之时（2018年5月），我站在创业的立场观察其创始团队，深刻地意识到：创业正越来越成为一场“大咖”资源二次整合（全域顶配）的商业游戏。

财经作家吴晓波认为：“商业的本质，一个关于幸存者的游戏。”而幸存者，越来越多地是持续成功的多次创业者（被称为“大咖”）。在创业的语境里，“大咖”有3层含义：一是具有创业想法及相应的能力；二是拥有足够的启动资金；三是富有创业所需的相关资源。

创业成功是一个小概率事件，以上3点都具备，才有成功的可能——是“可能”，而不是“确定”。瑞幸咖啡的创业史，就将以上3点体现得淋漓尽致。

第一，具有创业想法及相应的能力。创始人钱治亚之前在神州优车做运营“一姐”时，是时任董事长兼CEO陆正耀点名表扬的好伙伴——在神州优车负责全国1000多家门店、100000多台车、数万名员工的高效运转，她的洞察力可以想见！

所以，她对商业模式做的第一点设计是：重构行业起点，以人为本，回归咖啡本质。

首先，从消费者最敏感的因素入手，把咖啡的单价降下来，为20~30元人民币，价格区间卡在了星巴克、Costa之下，又在肯德基、麦当劳等快餐咖啡之上。

其次，把咖啡品质提上去。选择比目前市场上的商业咖啡豆贵20%~30%的优质豆，且用世界顶级的配料，为国人定制高品质、专业的咖啡。

最后，结合大数据，给用户提供个性化的咖啡。与普通咖啡厅不同的是，瑞幸咖啡没有收银台，也没有收银员，无现金交易，点单和支付都在线上完成——用户通过APP或小程序下单，然后再选择送货或者自取。一旦用户选择了自己喜欢的口味，后台会记录用户的偏好。

将门店与APP（小程序）深度结合，有很多优势，既解决了传统零售业获客成本高的难题，也吸引了不少因购买不便而放弃消费的潜在咖啡用户。但钱治亚更看重的，是线上消费迅速积累起的精准的咖啡大数据。借助这些一手且精准的咖啡数据，咖啡零售行业普遍面临的供应链、店面选址、复购率等难题，都将迎刃而解。

第二，拥有足够的启动资金。瑞幸咖啡被引爆了，但它也并非没有面临挑战。迅速地大规模开店、大批量招人、大手笔推广，资金链该如何保证？钱治亚的回复是："钱并不是问题。"

首先，创业之初，她就准备了10亿元人民币！开店用不了这么多钱，她已准备好资金教育市场，拼出品牌的知名度。

其次，投资人认可她的判断。陆正耀不止做了天使投资人，还口头承诺："缺钱了，就来找我！"据说，他还为她找来多位顶级天使投资人。

最后，在消费升级的大背景下，中国正在成为世界上最具潜力的咖啡消费大国，用户需要真正有品质且定制化的"智慧"咖啡。在这一超级蓝海大市场里，有更多的资金愿意投入，毕竟，"中国的咖啡市场，不能只有星巴克"！

第三，富有创业所需的相关资源。尽管钱治亚是神州优车的重要管理者，但毕竟隔行如隔山，她对咖啡并不懂，为何创业却显得如此容易？

首先，她或许不懂咖啡调制，但她请来了WBC（World Barista Championship，世界百瑞斯塔人赛）总冠军井崎英典、意大利区冠军安德烈·拉图瓦达、中国区冠军潘志敏出任首席咖啡大师，负责调制配方和设计产品。WBC被誉为"咖啡界的奥运会"。每一年的WBC，来自世界各地50多个国家的顶级选手，要分别在15分钟内按照严格的要求和标准完成4杯意式浓缩咖啡、4杯牛奶咖啡、4杯创意咖啡的调制。WBC认证评委根据饮品的口味、服务、创造力、技术水平和整体表现来对其进行评估。3 位 WBC 冠军的任务是：共同为中国人打造专业的高品质咖啡。配方是从 180 余种拼配方案中测试得到的，并对消费者进行了盲测，特别符合东方人的口味偏好。

其次，代言人到位。王家卫的御用影帝张震和文艺女神汤唯拿着“小蓝杯”的广告开始漫天投放，而关于文艺与咖啡的讨论，逐渐发酵！这背后的营销操盘手，正是杨飞，2017 年广告门年度 CMO（首席营销官）、“流量池营销”理论的提出者。作为原神州专车 CMO，他曾操盘神州专车、神州买买车等的多次营销战役，创造了各营销渠道效果之最。

综上，钱治亚早已脱离了普通创业者“一无明确想法、二无足够资金、三无广泛资源”的困境，无论是对客户消费心理、市场发展空间的洞察力，还是对快速扩张的门店、急剧扩大的团队的运营力，以及对足额资金与广泛资源的吸引力，都达到了一流水准。

瑞幸咖啡的迅速爆红，正是钱治亚以上各种能力的外在表现——精选整合各领域的最佳资源，在每一个产业链环节中都达到了顶级配置。这种“积木式创新”的全域顶配，使品牌如“哪吒”般一诞生便风华正茂，令业界侧目。

像瑞幸咖啡这样能做到产业链全域顶配的品牌，并非鲜见，还有源自广州的高端针织服饰品牌“织识”，一个以 T 恤为主打产品的致力于成为“国民针织第一民族品牌”的业界新秀。

作为全国首屈一指的服装生产与商贸大城，广州的 T 恤生产商与销售商数不胜数。白马、红棉、十三行等批发市场涌动着全国乃至全球的服装行业从业者。海量的T恤产品，标价绝大部分集中于9.9~39元人民币/件，而一旦到了全国各地的终端零售店，它们便以8~10倍的标价出现在消费者面前。

姜洋与吴建东是广州服装业中少见的专注于T恤生产与（批发）销售的代表。每年销售超1000万件T恤的成绩，令两人在业界小有名气。随着生意做大，他们想要创立一个品质高端、品位高雅、价格高溢的品牌的愿望越发强烈。

T恤堪称服装界的“基础设施”：每个服装品牌几乎都有这一单品，但往往不是主线；每位消费者几乎都有这一单品，它是男女老少之间服饰的“最大公约数”，被誉为“百搭之王”。但这一单品却为何没有一个品牌？提到可乐，消费者会想到可口可乐；提到手机，消费者会想到苹果；提到新能源汽车，消费者会想到特斯拉；但提到T恤呢？

2019年底，织识创始团队及旗舰展厅落户广州T.I.T创意园。“打造一个以T恤为主打产品的高品质国民针织服装品牌”成为以姜洋为首的创始团队之愿景。在为织识提炼企业文化及产品价值的过程中，我不断地向姜洋提问：“怎样才算是一件好T恤？”姜洋给了很多答案，很细致，也很琐碎，且有些还带着个人的喜好与评判。

一时迷途，遂返回问题的原点：“一件T恤是如何被生产出来的？”于是，五大生产环节逐渐清晰浮现：棉（花）、纱（线）、（针）织、染（整）、（车）缝。生产的每一个环节，都有国家制定的行业最高标准，而织识T恤的生产过程，皆采用了这五大环节的最高标准。比如，棉花，采用的是中国的新疆等地的最高级别长绒棉；染整使用的是全球顶级的亨斯迈（Huntsman）染色料，对环境无污染，对人体无伤害，且不堵塞针孔，可保证服饰的透气排汗性；车缝使用的是全球奢侈品牌常用的高士线，以增加服饰的整体美观度与牢固度……

为了更清晰且直观地将这些极致生产工艺以及由此带来的高品质呈现给消费者，织识制定了“定义美好T恤的101条标准”，将棉、纱、织、染、缝五大生产环节中的国家乃至全球最高行业标准罗列出来，一共100条（织识全部达标），最后加上一条：“认准织识，这才是T恤！”由此，织识率同行之先，客观地定义一件美好T恤。

织识的创始团队做事有“两不”原则：不谈情怀；不讨情分。在创立织识之前，姜洋拥有长达17年的T恤生产与销售经历，但这未必能感动消费者；朋友们给“面子”而带来的购买，对事业而言未必长远。品质好不好，消费者自会感知；匠心够不够，业界自有定论。唯有用客观标准呈现T恤品质，以硬核实力彰显团队初心，方可真正而持续地打动消费者。

一件好T恤好在哪儿？织识用101条标准做了具体而客观的定义。除T恤的设计与生产之外，旗舰展厅的设计与运营、品牌推广的调性与深入、客户服务与互动等也是织识在成为高端品牌过程中必须面对的难题。

任何事业，都不是某个人单打独斗就能够完成的，能否对产业链进行筛选与整合成了创建的品牌能否成功的关键影响因素。产品设计、供应链管理、团队搭建、市场营销、终端零售、客服体系、资本赋能……唯有做到“积木式创新”的全域顶配，高端品牌的创建与运营方才具备成功的基础。

五

市场营销——以消费者为核心的圈层拓展

移动互联网时代，各大品牌都担心网罗不了消费者，“流量秘籍”成为各大创业者梦寐以求的“营销真经”，甚至推出任何一款产品都要做到“一品九店”，即在淘宝、京东、拼多多、抖音、快手、小红书、哔哩哔哩、唯品会、得物 9 个平台上同时开店。但门店开得多，就意味着消费者一定会买账吗？销售渠道遍地开花了，但是否符合消费者的习惯及消费场景？内容又能否匹配消费者的品位及诉求？

“世间所有的内向，都是聊错了对象。”这个简短的段子，深刻地揭示了选择沟通对象的重要性。高端品牌对自身是有要求的，对消费者也有精准的画像，反之亦然。因此，任何高端品牌的传播都需要以消费者为核心。

如何做到这一点？我通过 2 个案例来分享我的看法，一个是杂志，另一个是印刷厂。

2015 年，由于微信自媒体迅速崛起，移动互联网日益发达，以及自身的内在属性与外部监管等形势，纸质媒体普遍式微。彼时，我担任一本奢侈品行业杂志的执行出版人，有感于行业状况，遂执笔写了一篇文章——《在“纸媒已死”的时代，我们为什么还要做杂志》，摘录如下。

“纸媒已死”——这个结论挺无节操的。不是“将死”，也不是“渐死”，而是直接宣判“已死”，没有任何商量的余地。身为传统的纸质杂志出版人，对于这个结论，我既没有一种逆潮流而动的骄傲，也没有一丝落后于时代的悲哀。为什么呢？我们来聊聊这个话题。

这里，我要界定一下“纸媒”。如果指的是日报，特别是那些单纯地告知读者在何时何地何人发生了何事导致了何种结果的资讯类报纸，在移动互联网时代，它们确实不合时宜了——从理论上讲，得益于全球网络的互联互通，这一秒发生的事情，下一秒即可通过 Facebook、Twitter、微信朋友圈、微博等各种社交媒体告示天下，谁还会等着今晚才能印刷、明早才会面世的报纸所呈现的“旧闻”？

资讯类报纸退出舞台，这是一种时代的进步。但对于另一种纸媒——杂志，它的情况又如何？

杂志原本就不是大众媒体，它只为某一个群体而生。人不分贵贱，但分层次，也分圈子。所以，关于杂志的生死存亡问题，我们再来深入聊聊。

我先抛砖引玉——从照明的角度讲，19世纪70年代爱迪生发明电灯之后，蜡烛应该退出历史舞台，但它却摇身一变，成了烛光晚餐的道具。

从这个例子可以引申出3个层面。

第一，即使现代科技已可以造出LED电子蜡烛来装饰烛光晚餐，但传统蜡烛燃烧时的摇曳光影、所散发出的芬芳气息、所传递的温暖热感，是电子蜡烛所无法给予的。正如无论电子屏幕做得如何登峰造极，与油墨纸张相比，那种触摸纸张的温和感、油墨所散发的芬芳，它无法给予。这是产品层面的引申（功能转变）。

第二，对很多中国人来说，吃西餐是一种很浪费钱的、奢侈的，甚至装模作样的行为，但对某一部分人来说，西餐就是他们生活的一部分。西餐如此，杂志亦如是。这是客户/读者层面的引申（客群转变）。

第三，吃西餐可不只是为了填饱肚子，它有大量的社交或情感因素在里面。同理，阅读杂志可不是为了单纯地获取资讯，更多的是一种美的享受——在我看来，好的杂志有三种美：文字美、图片美、文字与图片结合的版式美。随便把杂志的某一页撕下来，装裱在镜框里，挂在墙上就是一幅艺术品。这是产品给客户所带来的价值层面的引申（价值转变）。

由此可见，杂志是一种美学载体，尽管它的美仅能被一部分人欣赏、认同，但也正是这一部分人的存在，使杂志具备了存在的价值。我从不认为纸质杂志会被移动互联网时代抛弃，恰恰相反，我认为移动互联网时代才是纸质杂志发展的“黄金时代”。

在移动互联网不发达的前几个10年，纸质杂志要想找到自己的读者是一个成本巨大的工程，因为它不知道读者在哪里，所以只能按照最传统的方式去运营：加大印刷量/增强采编团队—让更多的人看到杂志的存在—吸引潜在读者购买—发行量上涨—广告营业额上升—加大发行量/增强采编团队……

但这往往只是一厢情愿的美好意愿而已，残酷的现实是另一条循环线：为了压缩成本—减少发行量/裁减采编团队—能看见杂志并购买的读者更少—销售量下降—广告商更不愿意投放—为了压缩成本……

在这个“马太效应”凸显的循环产业链中，命运的分水岭似乎是杂志的发行量，而昂贵的印刷及配送成本，无疑成为拖累杂志社的首要因素。

而在移动互联网时代，纸质杂志找到潜在读者的成本极大下降。每本杂志都有自己的立场与调性，不同的腔调吸引着不同的读者群体。与过去相比，现在我们接受资讯，从内容到途径，都已经非常丰富，但优质的内容依旧稀缺。

所谓“稀缺”是这种丰富之下的相对状态，具体而言是指：内容丰富了但鱼龙混杂；资讯琳琅满目但能满足个性化阅读需求的却不多；媒体产品多了但大部分雷同。

其中最大的“稀缺”，是既能出品高质量原创内容（内容为王），又完全适应移动端阅读习惯（渠道为王）的媒体产品，还处于不饱和的状态。

举个例子。人际交流方面，我们在20世纪70年代依靠电报，20世纪80年代使用电话，20世纪90年代启动BP机，进入21世纪诺基亚独步天下，2010年开始苹果独领风骚，那2011年呢？你看，这一路走来，变化的只是沟通的媒介，而不变的是我们对沟通的需求。你不会在21世纪的第二个10年还坚持使用BP机来与人交流吧？除非你是在进行一场复古的行为艺术。

再举一个例子。我们为什么愿意读吴晓波？是因为他有观点，有思想，有情怀。而至于你是喜欢阅读他在FT中文网上的专栏、微信上的吴晓波频道，还是爱奇艺网站上的视频，或是喜马拉雅网络电台上的音频，又或者是他著作的书籍……这都只是媒介的不同而已，因阅读习惯及当下所属时空而异。

所以，纸质杂志遇上移动互联网时代，简直是一种从天而降的幸福。本着“内容为王”的出品原则，只要我们能将内容做到极致——文字美、图片美、文字与图片结合的版式美，那它一旦得以在便捷、高效、互联分享、讲究“人以群分”的圈子文化横行的移动互联网上传播，往往就会迅速地吸引大量的潜在读者关注。

一个现象级的例证就是，定位为构建中国中等收入群体生活美学观的“中国最美视频”微信公众号“一条”，仅上线15天，粉丝即突破100万！上线1周年，坐拥600万粉丝，而点击量过百万的单条资讯，数不胜数。

如果将一条（点击量过百万）视频刻成光盘，并随着将精品内容结集成册的书发售，你认为它的发行量能有多少？按10%的粉丝购买率保守估计，也有60万册，这个发行量足以令传统杂志社汗颜。而它的成本呢？都是粉丝们先款后货预定的，成本会有多少？

其实，“纸媒已死”是一种情结的怀念，是一个报复“唯恐天下不乱”的媒体人的恶作剧式“谎言”。你不会因为移动手机的普及而怀念已消逝的BP机，你也不会在苹果手机独领风骚的潮流下去倾听曾经王者诺基亚的哭泣。那么，你为何这么感慨“纸媒已死”？

你感慨的，是一种情怀的消逝——当你捧着手机，一遍遍阅读着“实体书店倒闭潮来临”“国民阅读书籍时间锐减”“纸媒纷纷断臂求生谋求转型”时，你最大的感慨，或许是阅读的资讯越来越多，但获得的价值越来越少。

同样的感慨会有很多，认识的人越来越多但朋友越来越少，赚的钱越来越多但快乐越来越少，吃的喝的越来越多但健康越来越少……你越来越怀念那些一杯茶、一本书、一个人的美好时光。安静，简单，纯粹。

所以，撇开情怀不谈（可偏偏杂志的制作者、阅读者是最讲究情怀的一群人），“纸媒已死”只是一个在技术层面上更新迭代的时代进程而已——你可以说BP机已死、诺基亚已死，但你不会认同人类的沟通需求终结了，再也无须任何通信工具了。

对于喜欢便捷阅读的“电子阅读客”，我们就把杂志内容搬上移动互联网满足他们；对于仍喜欢纸墨书香的“传统阅读客”，那我们就把纸质版做成足以让他们珍藏传世的艺术品吧！让我们换一种传播方式，来与读者继续分享内容的美好。

回归到出版人身份，站在商业的角度，除坚持“内容为王”的出刊品质，以及与时俱进的“渠道为王”的读者链接外，更为关键的，是坚持以消费者为中心（导向）、与时俱进地“以产业化思维及手法来构建媒体的全产业链平台”，从而推动自身的持续发展。

在此方面的典型案例，从《从雅昌看产业边界演变》[①]可见一斑——从一个印刷厂发展成为中国最大的专注艺术界的综合性文化产业集团，从“产业边界清晰”到“产业边界模糊”再到“自定义产业边界”，这是一个令人叹为观止的媒体产业边界演变案例。

深圳雅昌印刷厂成立于1993年，曾经的使命与愿景是成为最具竞争力和最具盈利能力的艺术印刷公司。做彩印的工厂在当时的珠三角地区数量很多，雅昌只是其中一员。

第一阶段：拼技术和设备。大家都从日本、欧美引进最新

① 根据和君咨询王明夫、王丰《企业家和投资家应该树立的12个产业思维和产业认识》演讲整理。

的设备和技术。谁的生产效率更高，谁在生产阶段的管理更好，谁就能抢到更多的订单。

第二阶段：拼服务。客户买钉子的背后动机，其实不是想要钉子，而是想在墙上挂一幅画。如何从产品走向服务？由此，如何更好地提供以印刷为切入的服务就成了雅昌发展的关键。

第三阶段：拼系统解决方案。从刚开始只做印刷品，再到为客户提供更多的增值服务，最后走向行业化路线，甚至为不同的行业提供不同的系统解决方案。

雅昌逐步在行业中脱颖而出，印刷品质量一直位居广东前三，频获“毕昇印刷技术奖”等行业大奖。细分其业绩组成，其在国内艺术品拍卖业的印刷业务中份额高居95%，几乎形成独家垄断地位。至此，“成为最具竞争力和最具盈利能力的艺术印刷公司”之使命与愿景已经达成。

假设你是创业者，试想一下：雅昌的下一步成长空间在哪里？发展战略该怎么选择？或许有以下这么几个：①增加产品线，向非艺术类的印刷领域迈进，比如烟草的包装印刷等；②升级为印刷控股，并购或控股其他印刷公司，将公司做大；③抓住暴利机遇，进入房地产、证券业或矿业、煤炭行业……

雅昌的战略选择是从印刷厂走向文化产业。其走向文化产业有一个关键基础：多年来在书画、文物、拍卖、摄影等印刷中积累了大量艺术家、艺术作品及相关数据资源，形成了一个“中国艺术品数据库”。库中的中国艺术品图片就有数百万张。

这些印刷后遗留的数据在传统印刷业中常常被当成“垃圾数据”删除掉，但雅昌却把它们当作宝贝和资源，并持续积累。

2000年，在“中国艺术品数据库”的基础上，雅昌一举创办了国内最大的艺术品门户网站——雅昌艺术网。因有历史数据，雅昌比别人创建一个同类网站可少投入几千万元人民币。

因为有这样的数据，在雅昌艺术网的基础上，2005年雅昌开始做艺术品拍卖行情的发布，推出了“雅昌艺术市场指数”（AMI）。雅昌将所有拍卖的数据全部记录下来，积累了自1993年以来的2000多个专场、70万件中国珍贵艺术品的交易资料，形成油画指数、国画指数等。因为数据全（包含图片、尺寸、估价、成交价、拍卖公司、拍卖日期和印鉴题识等详细资料），且还以每年10多万件拍品的速度递增图片和成交数据，艺术家、收藏家纷纷关注。

那时，只要是从事艺术品鉴赏的公司一定会找雅昌，需要印刷什么东西，雅昌全都有，无须公司提供，直接从雅昌数据库里调出即可。由此，互联网发布、个性化数据库建设、多媒体制作、数字印刷、艺术品复制等业务，自然而然就出来了。

再往后，雅昌开始为艺术家建设个人作品数字档案馆，艺术家可上网查询自己作品的数字高清图片、市场信息以及保存情况。为此，雅昌把所有的艺术家都笼络过来，用最高清晰度的照相机把作品拍下来，变成数据免费存在这里，形成个人作品的数字档案馆。

在艺术品交易市场，一大痛点就是担心自己所收藏的作品是假货，但数字档案馆里的作品都是由艺术家本人认证过的，甚至能很清晰地知道此作品的信息及流向。雅昌由此解决了公信力的问题。比如，若你收藏了一幅吴冠中的画，但在此查无此画，那你的这幅画的公信力就大打折扣了。毕竟，雅昌管理着几万名艺术家的详尽图片数据，包括靳尚谊、刘大为等1000余位当代知名艺术家都在雅昌建设了数字资产管理托管库、个人官方网站、在线数字美术馆和拍卖会防伪预报系统等。雅昌逐步建成中国最大、资料最全面的艺术家数字资产管理系统。

当艺术家们都开始依赖雅昌时，一个平台就开始形成了。策划、展览、摄影、图片、视频、CD-ROM、电子书等产品与服务，甚至高端艺术品复制（名家名作授权限量复制），一大批衍生项目与服务自然生长。

而现在，雅昌已在深圳、北京、上海落成雅昌艺术中心。简单回顾雅昌的业务轨迹：印刷→数据库→艺术门户网站→艺术品行情发布→拍卖→持续积累和垄断艺术品数据→数码艺术资产管理→艺术策划、展览、摄影→衍生品：CD-ROM、视频、电子书→艺术品收藏和艺术馆。

艺术家、艺术品爱好者、投资者、商家、收藏家等不断向雅昌靠拢、围绕雅昌而转动，一个以雅昌为盟主的产业生态得以形成。雅昌就此成了文化产业的龙头企业和标兵，其创始人万捷入选2008年“CCTV中国经济年度人物”“深圳经济特区

40 年 40 人”。

在以上 2 个案例中，无论是杂志运用移动互联网等工具与读者进行精准沟通，还是雅昌紧紧围绕“艺术印刷”这一基础继而为艺术家客群衍生出更多的产品与服务（而非跨行至房地产、互联网、金融等所谓的热门行业），它们的战略发展路径都贯彻了以消费者为核心的原则，万变不离其宗，其出发点与归属点都是向消费者提供更精准且多元的服务。

六

资本战略——忠实资本的长期陪伴

如今的创业早已过了“大力出奇迹”的时代，“资本”成了创业硬核实力的体现。如果说创建高端品牌的创业是一场豪赌，那资本便是你坐上赌桌的筹码。没有资本，你连入局的资格都没有。

资本到底有多重要？我们来思考一个很有趣的话题——为何采用家族式管理的意大利奢侈品牌干不过借助资本力量的法国奢侈品牌？[①]

许多最具代表性的意大利奢侈品牌早已改头换面，甚至连所有权都落到了法国人的手里。从顶级时装皮具品牌古驰、葆蝶家（Bottega

① 杜绍斐.值176.3亿美元的意大利品牌古驰，竟然在给隔壁的法国打工？[EB/OL].[2021-03-18].https：//zhuanlan.zhihu.com/p/358223584.

Veneta)、芬迪，到珠宝腕表品牌中的佼佼者宝格丽，均已被法国的两大奢侈品巨头 LVMH 与开云集团收购。

它们曾经都有相当的规模和极高的知名度，但因为一时的内部斗争或运营出现了问题，被法国的资本集团“乘虚而入”。

1995 年，古驰家族分崩离析。古驰所有股权被投放至交易所，开云与 LVMH 疯狂收购、争抢，最终开云获胜。

20 世纪 90 年代，随着创始人 Michele Taddei 和 Renzo Zengiaro 的退休，葆蝶家失去发展方向，于 2001 年被开云收购。

1965 年，芬迪五姐妹慧眼识珠，聘任年仅 32 岁的卡尔·拉格斐（Karl Lagerfeld）担任创意总监，在随后的半个多世纪中，卡尔·拉格斐帮助芬迪登上一个又一个时尚阶梯。可惜五姐妹在 21 世纪初出现分歧，公司内部混乱，运营状况不佳。芬迪被 LVMH 收入麾下。

2011 年，金融危机影响下的宝格丽收入大跌，LVMH 伺机以换股的方式将其全资收购。被收购后，宝格丽成为 LVMH 珠宝腕表部门的当家品牌。

尽管在并购后，品牌与家族的关系被削弱，但在集团化、商业化的运营下，这些意大利品牌的影响力和发展速度，已非往昔可比，不仅为两家法国奢侈品集团赚取了足够多的商业利益，也使得品牌自身的发展达到了一个全新的高度。

由此看来，品牌与资本一直都在互相成就。但问题的关键在于：为什么不是意大利自己的资本呢？

究其原因，有3个。

一是“天时”。巴黎在17世纪就被称为“世界时装之都”，第一家高定工作室1858年在巴黎成立——设计师Charles Frederick Worth开设了第一家专为客户度身定制的高级时装店。1910年，第一届巴黎时装周开启，比纽约（1943年）、米兰（1967年）、伦敦（1984年）这三大时装周至少早举办30多年。相比之下，无论是时尚体系的建立，还是商业资本的运作，意大利时尚产业都比法国慢了一步。

二是“地利”。意大利最初并不以时尚品牌见长，而是主要发展纺织企业。意大利北部皮埃蒙特和托斯卡纳地区肥沃的平原提供了优质的羊毛，借此优势建立了传统的纺织产业，并在工业革命的加持下快速发展，且这里接近法国，便顺理成章地成了法国时尚产业的代工厂。直至20世纪60年代末，意大利品牌才开始崛起，阿玛尼与华伦天奴（Valentino）是其中的代表，更多的意大利品牌是从生产商、原料商转型而来的，比如杰尼亚是羊毛面料生产商、Loro Piana与Brunello Cucinelli是羊绒生产商，Etro是真丝生产商。意大利终于从法国代工厂的定位中走了出来，依托成衣时装生产的丰富经验，本国的时尚行业迅速崛起，但与法国相比仍然慢了一步。此时法国的时尚产业已经尝试拥抱商业和资本，开始了多品牌集团化发展。1971年，两大酒商酩悦与轩尼诗合并成酩悦·轩尼诗集团，又于1984年与路易威登合并成LVMH，世界最大的奢侈品集团此时已初显雏形。

三是“人和”。像普拉达、古驰这样的大品牌，虽然有实力发展多品牌，也有过收购的尝试，但或是由于运作亏损，或是由于家族内乱，最后都以失败告终。这或许也与时尚行业的特点有关，时尚品牌和家族重设计、重作品、重传承，对商业运作本身可能不那么精通。而 LVMH 与开云的老板都是其他行业出身，更精通资本游戏，这是他们相对于时尚家族的巨大优势，也是集团膨胀、扩张的原动力。相对而言，意大利人性格偏传统和安逸，这与商业野心天然相悖；且商业的诱惑也终究抵不过他们对家族传承的执着，他们更倾向满足于让自己的家族传统成为“业界最高标准”，却错过了种种将这些标准利益最大化的机会。

在全球化趋势下，要想在竞争中取得优势、获得更广阔的发展空间，集团化是最好的选择。无论是在人才、供应链还是数字营销方面，集团都可以高效率地提供最好的资源和方案。

各自为营的散乱局面、缓慢的年轻化转型进程以及品牌家族成员对“改变”的抗拒……本身已经面临生存危机的品牌，越来越无力招架来自国外的雄厚资本的力量。

相较于仍在坚守“Made in Italy”的家族企业，被全球奢侈品巨头纳入麾下的意大利时装屋背靠大集团的充足资源，拥有国际视野，更重要的是从董事会高层决策、生产、销售，再到媒体营销的每一个重要环节，都交由专业人士把关，能够基于对国际市场和经营状况的敏锐洞察与分析，及时、高效地调整策略。

但意大利奢侈品牌并没有坐以待毙，一些具有先锋意识的品牌打起了前行的大旗。

2021 年 6 月，普拉达集团和杰尼亚集团宣布共同收购意大利高端羊绒制造商 Filati Biagioli Modesto S.P.A. 的多数股权。此外，杰尼亚集团的纺织品供应链还包括 Lanerie Agnona、Tessitura di Novara、Bonotto 和 Dondi，它们在近几年陆续被杰尼亚收入麾下，帮助其提升在意大利纺织品供应链中的话语权和地位；杰尼亚集团还完成了对皮革织造公司 Pelle Tessuta 控股权的收购，以及收购了男士帽饰品牌 Cappellificio Cervo 的多数股权，并将后者从破产清算的边缘拉了回来。

集团首席执行官吉尔多·杰尼亚（Gildo Zegna，家族第四代继承人）表示，集团的这些收购动作是为了保护供应商及其独有的专业领域知识。借助这些企业，集团可以扩大自己的产品规模，提升自己的竞争优势，包括在女装领域的地位，同时也可以提振整个意大利的时尚纺织产业，通过资源整合共享以及资金援助，让十分松散的意大利时尚产业参与者走到一起，重新形成能够与法国抗衡的力量。

OTB 集团主席 Renzo Rosso 十分肯定杰尼亚集团这种收购本土专业纺织品制造商的做法："这种策略能够使集团变得更加稳固，并创造属于自己的专利技术，从而提高自己的核心竞争力。收购合并的双方曾经可能是敌人，但现在必须统一战线站到一起，这是法国人教会我们的东西，因为他们是那么地团结，即便在葡萄酒领域也是如此。"

由此可见，曾经那些令具有设计师背景的品牌创始人深以为傲的风格与技术，在当代高度商业化的奢侈品行业竞争中，已逐渐处于劣势地位。资本，资本，还是资本，已逐渐成为一股强大的、不可逆的推动高端品牌前行的力量。

但需要注意的是，资本以逐利为天性，高端品牌应寻求忠实资本的长期陪伴。

“忠”与“实”是两个概念。前者是指价值观。高端品牌的打造是以毕生为时间跨度计算的，而绝大部分资金的投资期限仅为 5~10 年，若没有长期主义的定力，很难保障高端品牌的持续发展。“共苦”容易，“同甘”难寻，品牌与资本达成“进则共享荣华，退则共度艰难”的共识，方可行至久远。后者是指实在性。在实际的企业运营中（特别是创业初期），假设投资人与品牌运营者达成了 3 年共计投入 5000 万元人民币的协议，但往往初期只会到账 500 万元人民币，剩余资金待后续再逐步投入。看起来一切符合常理，毕竟资金“躺”在账上也是有成本的，但细想之下却能发现，这往往是一个高端品牌走向没落的开端——因为资金短缺，会影响整个团队的做事心态，极容易导致团队动作变形、做事短视。

一个可供参考的最低额度是：公司账上一定要储备至少够未来 18 个月（或者从产品 / 服务推向市场算起的 12 个月）花费的总运营费用，包括但不仅限于办公成本、人力成本、产品成本、营销成本等，且每一项成本都得按最高标准预算。否则，一旦有任何风吹草动，特别是资本储备不足，就足以让一家公司迅速走向崩溃的边缘。资本充足，方可拥有高端品牌运营过程中所要求具备的从容心态。

回顾我的第一本书《奢侈品在中国：梦幻商业与美好生活的激荡40年》之篇章《2016：中国资本并购西方奢侈品牌元年》，那些并购海外奢侈品牌的中国资本纷纷折戟沙场，气吞山河的收购，最终却因资本不足而失意收场。

在高端品牌的发展道路上，或许并非"资本为王"，但我们一定得认可并重视资本的力量。谨记：有了资本，你未必能笑傲商场；但若没有忠实资本的加持，你连入场券都拿不到。

七

长期主义——做好当下，静待时间的复利

“一代人是做不好酒的……我们这一代人只能种好葡萄，下一代（酿酒）可能会做得更好。”镜头前的高源（Emma Gao）云淡风轻地说出这句话，却给我带来了直达内心的震撼。

高源是谁？银色高地葡萄酒庄的创始人。她是业内少数取得法国国家级酿酒师证书的女性酿酒师之一，在法国著名的凯隆世家庄园（Chateau Calon Segur）和拉科鲁锡庄园（Chateau Lafon-Rochet）实习期间，其专业知识能力和酿酒技巧得到充分的提高。行业内人士赞誉——“银色高地的诞生是对中国葡萄酒品质的杰出贡献”。

全球知名的葡萄酒评论家詹西斯·罗宾逊

（Jancis Robinson）来中国的时候，曾给银色高地的酒打分，给2007年的酒打了16分，2008年的打了16⁺；著名酒评家詹姆斯·萨克林（James Suckling）对2014年和2015年的银色高地爱玛珍藏红葡萄酒进行打分，均给出了93分的高分；银色高地2017年份酒款也获得帕克团队（Robert Parker Team）94分的好评。

除此之外，在2016年国家领导人于颐和园招待时任德国总理默克尔（Angela Dorothea Merkel）的晚宴上，2013年份银色高地阙歌红葡萄酒和2014年份家族珍藏霞多丽白葡萄酒荣幸地被选为国宴用酒。

银色高地葡萄酒庄位于宁夏回族自治区海拔1200米的贺兰山东麓，是中国海拔最高的酒庄之一。得天独厚的光照和土地条件使葡萄藤根部能更深入泥土中吸收水和矿物质，更适合葡萄栽培。其葡萄酒融合了法国精巧的酿酒技术，传承了“旧世界”的风格。酒庄于2007年由高林（父亲）及高源（女儿）创立，高源如今身兼庄主与酿酒师双重身份，与丈夫吉利·库尔塔德（Thierry Courtade，原凯隆世家酿酒师）共同掌管酒庄。

高源曾在《不施粉黛的酿酒人生》这篇文章中如此写道：

常有在晚宴上遇见，或者在杂志采访中看到我的朋友，在酒庄看到酿酒时的我，脸上写满疑惑。虽然他们很礼貌地欲言又止，但我知道，他们肯定在心里嘀咕：“怎么银色高地的庄主是这样一个土包子？”

下地酿酒的女人，注定和时尚无缘。仅有的几件礼服，被小心地熨好了放在单独的衣柜里。剩余的，是穿了不知道多少年的旧衣。这类衣服有一个共同特点：破破烂烂，土里土气，但抗风又耐造。

冬天，要把葡萄藤埋到土里，只能穿上防滑不进沙的雨鞋。冷风中，又不得不穿上象征时尚终结者的秋裤。一帮记者路过葡萄园便抓着我问：“大姐，我们想采访庄主，她现在在哪？”

我时常想，抛开异性的标准，甩掉世人的成见，到底什么是美，什么是丑？浓妆艳抹过后，被喜欢的是带妆上阵的我，还是厚重粉底下躲藏的我？称赞你美丽的人，喜欢的到底是你动人的脸庞，还是那独特的灵魂？

20 岁那年，我开始意识到生命在飞速老去，容貌每天都在朝下发展，变化之迅速让我恐慌不安。好巧不巧，我走到了人生岔路口：是继续当个外贸公司的小白领，还是去法国学酿酒？

一个优雅淡定，岁月静好；一个千险万难，备受摧残。我做好了 20 年后后悔的准备，背起了飞往法国的行囊。

我已不再年轻，终有一天也会彻底老去。面容干瘪，体态臃肿，走在任何一处，没有人会注意到我。但一旦谈起往事，他们或许会说：噢，原来银色高地的酒是你酿的啊！这就是我一直追求的，就像酒一样，不求惊艳一瞬，只希望能在世人心中绽放得久一点，再久一点。

遥想2016年7月的某天，我有缘跟随她在银色高地的葡萄园中度过了一天。翻土除草，摘芽；维护支架，修整树形；酿酒，试酒……那是一片风停时寂静得仿佛被世间遗忘的贺兰山东麓的冲积平原，一望无际，人迹罕至。唯有热爱，方能坚守。

若中国有一天能出产令世界惊艳、赞叹的葡萄酒，其中一定会有银色高地的酒。而今，包括凯悦酒店集团在内的众多欧美高端酒店集团，都在向客人推荐银色高地的葡萄酒。

即使在短短15年间，做出了这般令人赞叹的成绩，高源依然谦逊地表示："我们这一代人只能种好葡萄，下一代（酿酒）可能会做得更好。"这种做好当下，静待时间复利的长期主义心态，正是创建一个高端品牌的必要条件。

在"制造业大本营"珠三角地区，我时常遇见很多通过传统加工制造业完成原始积累的"创一代"，以及绝大部分都不愿意接班的"富二代"。在常识中，服装鞋履、皮革箱包、香水化妆品、珠宝等传统制造业的"中国红利期"早已结束，且这些工厂基本处于代加工等产业链底层，在土地成本、劳工薪资、原材料价格上涨与代加工订单及利润率下降的双重变动下，"中国制造"的美好时代结束了……

但如果，设想一下，有一个名叫爱马仕，或路易威登、香奈儿的工厂在招聘，你会愿意前往吗？你会乐意接班吗？同样都是制作服装鞋履、皮革箱包的工厂，为何珠三角的工厂与路易威登等奢侈品牌的工厂差距如此巨大？而这些奢侈品牌的工厂，当初不也是家庭小作坊吗？

一个需要普及的业界常识是：尽管很多奢侈品牌历史悠久，但其早期扩张的速度却非常缓慢。自18世纪至20世纪60年代（第三次科技革命之前），家庭式小作坊、私人小工厂等业态主导着整个奢侈品市场，彼时的奢侈品消费群体也主要是贵族人士。奢侈品牌在早期基本保持在一个“小而美”的状态，与当下庞大的奢侈品集团形象相差甚远。

但以小众、高端和限量为主的路线对奢侈品公司而言经营成本非常高，加上销售人群不够广，产品的分析、改进等很难有大的进步，这对企业未来的创新发展无疑是一种障碍。随着第二次世界大战结束（1945年）之后的经济大发展，一些奢侈品牌主动开始“去家族化”并收购其他品牌，以形成品牌协同效应和集团优势来应对竞争的加剧。全球第一大奢侈品集团LVMH的形成及壮大正是阿诺特看准了这一趋势并成功实践的结果。

这些奢侈品牌取得跨越式发展的背后，是过去漫长时间里的积淀。没有任何一种成功是速成的，即使有，那也只是浮华的泡沫。

中国商业突飞猛进，炫目的财富数字刺激得人们几乎都抛弃了“务实”“积跬步”“积小流”的心态。特别是近几年，随着中国内地超级富豪们轮番抢走李嘉诚的“华人首富”王冠，并且将差距越拉越大，“一万年太久，只争朝夕”的浮躁心态被推向了另一个层面。[①]

自《新财富》于2003年推出“500富人榜”至今的20年间，中国最富有人群的财富暴增了将近36倍，而同时期中国城镇居民的人均可支配收入，只增长了区区4.2倍；美国福布斯富豪榜上榜者的总财富增长还不到4倍。照此速度，巴菲特等美国富豪也将很快被中国富豪们踩在脚下。

但中国内地富豪们，真的已经比李嘉诚们富得多了吗?

如果我们更倾向于把揣到兜里的真金白银（利润/分红）、净资产视为真正的财富，而不是随时波动甚至被腰斩的股票市值，情况就大不一样了。

李嘉诚说过两句非常有气场的话，一句是，“我做生意60多年，从来没有一年是亏钱的，也从来没有陷入过财务危机、遭遇过巨量的业绩下滑”。另一句是，“长江实业上市46年，如果你把每年拿到的分红重新投资到股票里，46年大概能获得5000倍的收益”。地产业曾首富辈出，但从这个“曾”你就可以看出，他们现在的情况不太妙。一个个看上去排面极大，实际上也是“弱势”群体，一个文件或是一个银行电话，就能把他们吓得不轻。

从抗风险能力来观察，就更能看出一些中国富豪的虚胖。超级富豪吕志和说过：“真正重要的，是天大的风险来了你能

① 华商韬略.虚胖的中国富豪[EB/OL].[2021-06-01].https：//news.pedaily.cn/202106/472193.shtml.

站得住，而不是天大的机会来了你能站得高。”中国香港富豪们的财富增长的确缓慢，但慢得扎实，真正排得上号的大财团，陷入困境甚至破产的几乎没有。即使突然一个大浪打来，李嘉诚、吕志和这类真正的高净值超豪，往往可一夜间调动百亿、千亿的现金，而反观内地，近10年来，因为资金链断裂而倒下的国家级和省级首富恐怕已超过百人。

为什么这些超级富豪会突然之间就不行了，甚至一笔仅仅几百、几千万元人民币的欠债，就能击倒一个富豪榜上身价几十、几百亿元人民币，甚至千亿元人民币级的富豪？答案其实很简单——他们根本就没有那么多钱。

保罗·福塞尔在其著作《格调：社会等级与生活品味》中写道：“看不见的顶层。他们的钱来源于继承的遗产，从别人（祖辈）那里获取财富。”他们坐拥的深不可测的巨额财富，来源于过去长达上百年日积月累、持续不断的正向流入。

财富的积累如此，技术与声望亦然。“自1837年起，做好这张皮。”这就是爱马仕穿越近200年时光而行至今天的秘密。很复杂吗？似乎也没有，第二次技术革命、两次世界大战、第三次科技革命等巨大的社会变革皆没有改变它的工匠们坐在工坊里缝制精致皮具的静逸；很简单吗？能将一件平凡的小事做到极致，并代代传承持续近200年之久，这本身就是一种非凡。

从今天开始吧，假如你有一颗想创建生产精品的高端品牌之心，无论你是接手了一个很低端的传统制造业工厂，还是从零开始自创一个新事物，当下就是最好的出发时机。坚守初心，持之以恒，做一个 50 年后能令你孙子辈为之骄傲的家族品牌，这就是成功的曙光。

唯有热爱抵得岁月漫长，唯有时间方可生发敬仰。图 4–3 的中国产品之“百年五阶论”或许能够给我们一点启示。愿你我一路同行。共勉。

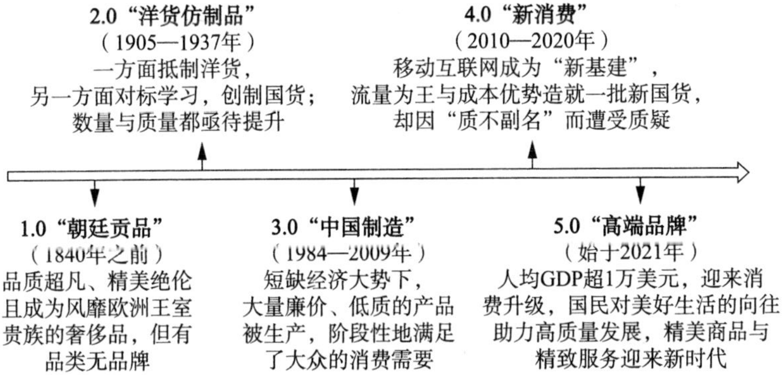

图 4–3　中国产品之“百年五阶论”

第五章

践行：为“人民对美好生活的向往”而奋斗

质量体现着人类的劳动创造和智慧结晶，体现着人们对美好生活的向往。中华民族历来重视质量。千百年前，精美的丝绸、精制的瓷器等中国优质产品就走向世界，促进了文明交流互鉴。今天，中国高度重视质量建设，不断提高产品和服务质量，努力为世界提供更加优良的中国产品、中国服务。

——2017年9月15日，习近平总书记致第二届中国质量（上海）大会的贺信

2018年12月19日，“由爱助力，传承技艺”——爱马仕向中国宋庆龄基金会女性幸福基金苗绣村寨扶持项目捐赠的仪式在上海市的爱马仕（中国）总部举行，中国宋庆龄基金会、爱马仕（中国）、黔东南州等机构代表与数位绣娘共同出席。

爱马仕向中国宋庆龄基金会女性幸福基金捐赠的250万元人民币，全部用于在凯里市岩寨村及施秉县、雷山县的部分村寨开展苗绣培训工作，为凯里市苗绣扶贫工作提供有力的资金保障，为凯里市“文军扶贫”工作助一臂之力。

作为位于全球奢侈品行业巅峰的品牌，“阳春白雪”的爱马仕与“下里巴人”的村寨苗绣是如何走到一起的？

乡村振兴的探索

这一善举的缘起，还得从10年前说起。[①]

---

① 内容根据《从凯里到巴黎，“穿在身上的史诗”何以改写乡村女性命运》整理。

2011年3月，中国宋庆龄基金会女性幸福基金苗绣村寨扶持项目（以下简称“苗绣扶持项目”）正式启动。首笔来自法国美容品牌希思黎（Sisley）的赞助款到位之后，项目团队开始了定点村寨的选择，有两个标准：人均年收入低、有濒临失传亟待保护的苗绣绣法。最终，季刀村成为项目的第一个定点村寨。

季刀村位于贵州凯里的巴拉河畔，是一个有100多年历史的古老苗寨。2011年，中国农村人口平均年收入为7000元人民币，而在季刀村，人均年收入不足3000元人民币。最重要的是，项目团队在季刀村发现了苗绣中最珍贵的绣法之一——双针锁线绣。

苗绣是中国苗族民间流传的传统刺绣技艺，主要分布在贵州黔东南地区。2006年，苗绣成为第一批被国务院列入国家级非物质文化遗产名录（简称“非遗”）的传统技艺。古老的苗族千百年来的历史文化都用苗绣记录、古歌传唱的方式流传了下来。

苗绣的类别众多，分布甚广，不同的村寨妇女所用的绣法不尽相同。每到重要的节日，十里八乡的人们身着盛装聚在一起，不需要语言交流，只需要互相看一眼对方身上的服饰，就知道他来自哪个支系、哪个村寨。

不过，因为审美观念的转变、服装制作逐渐工业化，人们对传统手工艺的需求减少。更多的苗寨妇女外出打工或忙于照顾家庭，了解苗绣的人越来越少，手工技艺逐渐失传，双针绕线绣、锡绣、破线绣等古老绣法面临失传的风险。

苗绣扶持项目的正式启动，让这一濒临失传的“非遗”看到了重生的曙光。

工艺传承最关键的因素是“人”。巴拉河流域的十几个村寨里，唯一掌握双针锁线绣技艺的正是住在季刀村的漾婆婆。项目团队决定聘请漾婆婆培训年轻绣娘，教她们双针锁线绣。但项目团队的热情却让漾婆婆将信将疑——在苗寨，年轻女孩如果没有继续读书，十六七岁就会外出打工，到了适婚年龄就会回到村里结婚生子，此后就留在家中；也有一些妇女在婚后和丈夫一起外出打工，子女便成为留守儿童。费时费力的苗绣即使被做出来了，卖给谁？生计如何维持？

“从天而降”的项目组，带着一股“猎奇”般的文化实验热情，从繁华大都市“穿越”到了这个古朴宁静的小村落，该如何说服苗寨妇女们参与其中？“先培训技能，做出产品再售卖出去，从而获得收入”的愿景，终究像水中月、镜中花，无法令人信服。

“影响有影响力的人”成了项目团队启动的关键。为此，他们在每个村寨各找一个苗绣“带头人”，这个“带头人”需要懂一些“绣花”技艺，更重要的是需要懂得沟通（至少会说普通话），且在村里有威信。

苗绣培训班的地点通常选在村委会或寨子里一户宽敞的院子里。课程持续 1 星期，绣娘每天花 2 个小时学习刺绣。培训的最后 1 天，项目团队给绣娘发放绣片和丝线，让她们回去

“完成作业”。1个月后，团队再次回到村寨。他们请苗绣老师将绣娘的作业分为3个等级，根据作业的完成水平，分别发给绣娘200~600元人民币的奖励。

“带头人”的影响与现金的激励起到了明显作用，一些因犹豫不决而围观的绣娘变得跃跃欲试。这些绣娘大多是二三十岁的苗寨妇女，她们没有稳定收入，家中的花销基本靠丈夫一人在外打工支撑。她们喂猪养牛，一人挑起生活起居的重担，却没有家庭地位。而参加项目获得收入，对提高她们在家庭里的地位大有帮助。于是，参与苗绣培训的妇女越来越多，消息也传到了村寨外面，甚至一些跟着丈夫在外打工的妇女也回到了村里。

苗寨妇女在外打工月收入大约为3000元人民币，除去租房和其他的生活费用，1个月只能剩下不到1000元人民币。如果回到村寨里，掌握苗绣后可以接到企业的订单，她们足不出户也能有2000元人民币的收入。既能通过学习苗绣获得一些收入，同时还能在家照顾年幼的孩子，以及年迈的父母——这便是许多绣娘心中的账本。

一个“乌托邦”式的美好商业范本由此产生。项目开展至第3年，苗寨已经有了一批成熟的绣娘。项目团队提出：将苗绣作为主要元素制作一款手包，进行一次公益拍卖，将获得的善款循环使用在项目上，同时也能增强苗绣的影响力。历经重重困境（资金难筹、绣料难选、设计难行、产量不大等），他们最终制作出了500个手包，定价688元人民币，并在电商平台的义卖中获得 25 万元人民币的善款，给 20 多位绣娘带来了 4 万多元的收入。

2014 年是中法建交 50 周年，项目团队萌生了将苗绣带到巴黎时装周的想法。由于与初期策展人的想法迟迟无法达成统一，项目团队走了许多弯路。最终方案确定后，原来选定的展览地点却因预算不合适不得不被舍弃。最终找到的展览地点，位于法国总统府的对面，与法国爱马仕品牌总店仅隔一个街区。

9 月 30 日，巴黎苗绣公益展正式开始。原计划开幕式在晚上 10 时结束，但因为参观的名人和品牌方络绎不绝，一直延迟到晚上 12 时后才结束。这个持续了 10 天的公益展，让更多国际时尚品牌看见了苗绣扶持项目。

2018 年 12 月，爱马仕（中国）正式与中国宋庆龄基金会合作，对村寨进行苗绣技艺培训和更多符合市场趋势的能力培训。项目官员韩晓军带着电商培训老师以及爱马仕的销售团队进入苗寨，教绣娘如何在互联网平台上开网店、如何拍摄苗绣作品让更多人关注。

“授人以鱼，不如授人以渔”

在中国广袤的乡野村寨中，保存着一大批濒临失传却令人惊叹的“非遗”工艺，也生活着一大批活力渐逝但雄心尚存的“非遗”工匠。他们最需要的，是被看见，以及将手工艺审美当代化与作品商业化。

在爱马仕的努力之外，还有更多欧美奢侈品牌对中国“非遗”的传承与活化进行探索。

2016 年 1 月，以中国云南“古树普洱”为主元素的茶灵（Cha Ling）在巴黎著名百货店 Le Bon Marché 亮相；1 年半之后，茶灵在上海兴业太古汇开设中国首家旗舰店。

无论产品原料，还是使用方法，抑或美容理论，乃至品牌故事，茶灵都像在刻意讨好中国消费者。“茶灵正是将中国的茶文化理念与法国对于奢侈品的认知，以及高科技提炼技术相融合的一个中法对话的产物。”品牌创始人（前娇兰全球 CEO）Laurent Boillot 如此解释。在茶灵的官网中，其被定义为“古树普洱护肤珍品”，传递融合了东方风情与西方科技的具有内外兼修之美的生活方式。

2018 年 8 月，万事利与 LVMH 集团签约，宣布两大集团在丝绸领域的品牌、渠道、技术、人才等多方面开启全面合作。这次合作被万事利视为“中国高端时尚品牌借力国际顶尖奢侈品集团深度融入国际的历史性跨越，中国丝绸时尚产业进入国际奢侈品领域的标志性开局”。

作为合作的重点，万事利向 LVMH 集团独家输出自主研发且具有国际绝对领先水准的丝绸新技术 IART（数码化精准双面印花），为期 2 年。和以往中国企业为大牌代加工以赚取微薄的加工费不同，根据协议约定，LVMH 集团旗下各大品牌（主要是迪奥的部分产品）凡是使用了万事利自主研发的 IART

技术的，每件产品标牌上必须加上万事利的“IART 技术制作”相关字样。如此，万事利品牌将随着顶级奢侈品牌走向国际市场，提升中国品牌的国际影响力。

据统计，中国作为最大的丝绸生产国（丝绸亦与茶叶、瓷器等成为最具东方特色的商品符号），为全世界提供了 90% 的蚕茧和 70% 的生丝。但过去受制于品牌、技术等因素，中国丝绸产业长期处于价值链底端，靠廉价劳动力及原料，引进国外技术、设备，为外国品牌贴牌加工。

从贴牌加工的产业链底端走向高端的技术、人才与品牌的输出，这一跨越不仅意味着经济效益的显著提升，更意味着最基层产业人员的地位提升与生活改善。

但很遗憾的是，基于种种原因，万事利与 LVMH 的合作最终以对簿公堂落下帷幕。2021 年 9 月，万事利登陆 A 股创业板，成为“中国丝绸文创第一股”。

“商业是有效的保护，使用是最好的传承”

国民经济的崛起，带来了民族文化自信的提升，一批批新国货涌现于商业舞台之上。2019 年，中国人均 GDP 达到 1.1 万美元，这是一个标志性的转折点——当一个国家的人均 GDP 超过 1 万美元时，新中等收入群体会成为这个国家消费的主力，而这部分消费主力的本土文化意识会大规模地觉醒。

财经作家吴晓波在其 2019 年的年终秀中说，新中等收入群体的消费会重新回到传统。“传”是传承，“统”是道统。第三次“国货运动”之中的消费者开始为传统买单了——身处第三次“国货运动”之中的消费品公司，从美妆、服装公司，到家居、房产公司，都越来越多地从中国传统文化审美中汲取灵感，以迎合当下新中等收入群体消费者对品质及审美的要求。

“血液中的文化基因”中，还有一大批以“传统手工技艺及其他工艺技术”为代表的“非遗”作品。截至2020年12月，中国入选联合国教科文组织非物质文化遗产名录（名册）的项目达42项，成为入选“非遗”项目最多的国家。

爱马仕扶持苗绣村寨发展，上下开发竹丝扣瓷茶具，茶灵自创古树普洱护肤珍品，LVMH推广中国丝绸工艺……融合了“非遗”工艺且符合当下新中等收入群体消费者审美意识及使用场景的精致商品，为“非遗”的传承与发展提供了一条行之有效的可持续发展之路。

推动“非遗”产业发展的背景底色是乡村振兴。在以往，工匠们往往面临三重困境：专注于制作，不考虑市场；执着于钻研，不善于传承；沉迷于传统，不主动创新。后果便是，“一项项代表着中华文化、灿烂文明的手工艺面临后继无人、濒临失传的风险”。没有消费，必然消亡。哪怕是进入各级博物馆，也是由政府财政或慈善资金来买单（消费），但倘若连博物馆都进入不了，那到底是哪个环节出了问题？

在现代市场经济体系中，工匠无须且无力承担更多的重任，因此，政府的引导、商家的参与、媒体的报道、消费者的关注等，就成了构筑一个“非遗”传承与新生的“命运共同体”之必须项。

通过“非遗”产业的带动，让年轻人愿意回归乡村，让故乡留得住人，乡村振兴才会有可持续的存活之道。中国消费者拥有强劲购买力，也有着日益提升的民族自信与对传统文化的审美力，在这两股力量的共同激荡下，中国的“非遗”产品或许就是未来行销全球的奢侈品。

遥望1757年，乾隆下令“一口通商”，茶叶、瓷器、丝绸等东方奢侈品通过广州港输出，受到欧洲王室贵族的喜爱与追捧，“中国风”吹遍整个欧洲大陆；200年之后的1957年，“广交会”（中国进出口商品交易会）在广州召开，国外产品纷纷涌入，也打开了中国与世界的交流新格局；展望2027年，中国GDP即将再次登顶全球之际，期待源自中国高端品牌的精品再一次风行全球各地，兴起21世纪的新“中国风”。

预告我的下一个研究课题：“中国非遗的审美当代化与作品商业化”。

植根于乡土民间的非遗，既是中华传统文化的物质载体，也是广大人民的情感表达。伴随着国家的经济发展、文化自信与消费升级，非遗领域必将诞生一批打造精品的高端品牌——这是（为工匠创收）促进共同富裕的有效措施，也是乡村振兴的重要抓手，还是实现国产替代、坚定文化自信的现实举措，更是满足人民对美好生活之向往的必然路径！

参考书目

[1] 阿肖克·颂，克里斯蒂安·布朗卡特．奢侈品之路：顶级奢侈品品牌战略与管理 [M]. 谢绮红，译．北京：机械工业出版社，2016.

[2] Vincent Bastien，Jean-Noel Kapferer. 奢侈品战略：揭秘世界顶级奢侈品的品牌战略 [M]. 谢绮红，译．北京：机械工业出版社，2013.

[3] Jcan-Noel Kapferer.Kapferer 论奢侈 [M]. 谢绮红，译．北京：机械工业出版社，2016.

[4] 罗宾·伦特，热纳维耶芙·图尔．奢侈品销售的艺术：顶级奢侈品品牌的销售圣经 [M]. 牛继业，译．北京：机械工业出版社，2016.

[5] 米歇尔·舍瓦利耶，热拉尔德·马扎罗夫．奢侈品品牌管理 [M]. 卢晓，译．上海：上海人民出版社，2008.

[6] 丹尼尔·兰格．奢侈品营销与管理 [M]. 潘盛聪，译．北京：中国人民大学出版社，2016.

[7] 埃里克·布欧纳．奢侈与数字：数字时代品牌生存之道 [M]. 袁鹰，叶欣欣，译．北京：人民邮电出版社，2018.

[8] Christian Blanckaert. 奢侈：爱马仕总裁回忆录 [M]. 纪

江红，黄碧茗，译. 桂林：广西师范大学出版社，2014.

[9] 亚历山大·德·圣马里. 理解奢侈品 [M]. 王资，译. 上海：上海人民出版社，2019.

[10] 沃尔冈·拉茨勒. 奢侈带来富足 [M]. 刘风，译. 北京：中信出版社，2003.

[11] 黛娜·托马斯. 奢侈的 [M]. 李孟苏，译. 重庆：重庆大学出版社，2018.

[12] 劳伦斯·皮科. 奢侈品的秘密 [M]. 王彤，译. 北京：中译出版社，2022.

[13] 休·昂纳. 中国风：遗失在西方时尚史的中国元素 [M]. 刘爱英，秦红，译. 北京：北京大学出版社，2017.

后　记

一封关于此书的幕后感谢信

此书的缘起，是2021年7月底的杭州之行。经我第一本图书《奢侈品在中国：梦幻商业与美好生活的激荡40年》的项目统筹袁啸云引荐，我拜访了即将出任和君咨询CEO的潘松挺先生。

潘总的团队正转型至新消费领域。作为个人消费品最高级别的奢侈品牌是如何运营的？为探究此问题的答案，潘总购买了很多与奢侈品相关的图书来学习，其中一本便是我写的。他通过袁啸云找到我。碰面交流时，潘总询问了很多问题，关于奢侈品牌的产品设计、定价策略、供应链管理、人才培养、营销策略、跨文化沟通、终端零售等，我根据我对行业的观察、采访与理解进行了解答。

最终，潘总对我做出两个邀请：一是加入和君咨询，二是将沟通内容写成一本书。我欣然接受。对于前者，我久闻和君咨询的大名，也很渴望能有一些机会，将我对欧美奢侈品牌的方法论用于助力中国品牌的崛起；对于后者，在《奢侈品在中国：梦幻商业与美好生活的激荡40年》出版之后的近两年里，我通过线上直播与线下培训的方式陆续分享过我的感悟和经验，若能通过写书的方式做一次系统梳理，也是好事一桩。

从内容构思到书稿框架，我不断地推翻与重建，直到2022年2月才确定了框架，之后便是半封闭式的创作，至5月底完成初稿。在此书的创作过程中，有一些师友值得我记录并感谢。

首先是吴晓波老师与秦朔老师。《奢侈品在中国：梦幻商业与美好生活的激荡40年》得以出版，吴晓波老师对我的鼓励与支持非常关键。2021年4月，他委托助理让我推荐一些奢侈品牌管理类图书，“奢侈品与大众消费品还挺不一样的”，这让我坚定了研究这一行的信心，而我时常对外宣称的“致力于成为奢侈品业界的吴晓波”，也让外界对我的身份定位瞬间有了认知。《奢侈品在中国：梦幻商业与美好生活的激荡40年》出版之后，我得以在财经自媒体“秦朔朋友圈”发表专稿，也有缘当面向秦朔老师阐述我研究奢侈品行业的初心。此书约1/4的内容，都曾在“秦朔朋友圈”独家首发。

其次是廖信嘉先生与潘松挺先生。廖总作为“全球第一大钟表集团”斯沃琪集团中国区管委会成员，跟我分享了很多瑞士高级制表品牌，甚至服饰箱包类、珠宝类等奢侈品牌的运营之道，以及中国品牌在创建与崛起过程中应向欧美奢侈品牌学习、借鉴之处（期待我能有机会将他的分享内容以图书的方式对外呈现）；而潘总作为此书创作的“始作俑者”，将我吸纳进和君体系（2022 年 1 月我加入其团队，成为业务合伙人），并对我的行业研究给予了高度评价，令我备受鼓舞。

再次是各界师友。中粮长城葡萄酒的刘云生、巴黎 HEC 商学院的徐颖、杭州物产云商的徐斌毅、和君董秘邦的沈鹏浩、和君高手知路的曾乔、言几又书店的姚鑫、大连简汇书店的马骏、长沙闹闹虎的王虎、厦门冠豪的刘童、南京聚奢网的曹玉智、广州博研教育的欧阳清、中正资本的武元政与云鼎基金的李松……很多师友以线上直播或线下培训的形式，邀请我进行分享，也正是在这些交流中，我不断深入并完善对奢侈品行业的观察，有动力走得更远。

最后是我的家人。在此书仍在创作中的 2022 年 3 月初，我的欧姓爷爷逝世了，享年 92 岁。回忆他的一生，他见证了抗日战争、解放战争、中华人民共和国成立、改革开放、中国加入世界贸易组织……作为旧时代地主家的孩子，他或许从未意识到这些历史事件是如何影响了他的人生的。当我在缅怀他时，我想起了我的另一位爷爷——按血缘论，我本姓吴。吴姓爷爷是知识分子，曾担任我的祖籍广东韶关的沙溪公社社长，以及沙溪中学校长，很可惜他在 20 世纪 60 年代因病逝世了——回顾两位爷爷的一生，以及父亲自改革开放至今的经商岁月，再对比欧美奢侈品牌与中国品牌的发展历程，将个人命运与时政大势进行融合，每每令我感慨良多。如今我已为人父，偶尔望着刚满4岁的儿子，便会陷入沉思：待你成年之时，中国又将是一番怎样的景象？

感谢自己的坚守。奢侈品行业是一个很小众的领域，虽偶尔受万众瞩目，但却被误解颇深。这一路走来，我时常倍感孤独，但幸好还有你。

欧家锦

2022年12月20日于广州